Rudolf von Jhering

Das Trinkgeld

Rudolf von Jhering

Das Trinkgeld

ISBN/EAN: 9783743301047

Hergestellt in Europa, USA, Kanada, Australien, Japan

Cover: Foto ©Suzi / pixelio.de

Manufactured and distributed by brebook publishing software (www.brebook.com)

Rudolf von Jhering

Das Trinkgeld

Das Trinkgeld.

Verfasser und Verleger behalten sich alle Rechte vor.

Das Trinkgeld.

Von

Rudolf v. Jhering,
Doctor der Rechte und der Philosophie, Geheimem Justizrath und Professor
in Göttingen.

Dritte vermehrte Auflage.

Braunschweig.
George Westermann.
1889.

Vorwort
zur ersten und zweiten Auflage.

Im Aprilheft des laufenden Jahrganges von Westermann's Monatsheften veröffentlichte ich einen Artikel über das Trinkgeld, der gegenwärtig auf Grund mehrfacher an mich gerichteter Wünsche in separater Ausgabe erscheint. Was mich veranlasste, dieses meinem Studienkreise so fern liegende Thema einer Bearbeitung zu unterziehen, darüber habe ich mich in der Einleitung ausgesprochen; ich hätte es nicht gethan, wenn nicht der Zusammenhang von Untersuchungen über das Wesen der Sitte, mit denen ich mich seit Jahren beschäftige, mich dazu genöthigt hätte. Mein Artikel ist vielfach in der Presse besprochen worden und hat insbesondere auch den Witzblättern Gelegenheit gegeben, die humoristische Seite des Gegenstandes hervorzukehren, für die ich selber volles Verständniss habe. Auch Zuschriften aller Art sind mir zu Theil geworden, zustimmende und ablehnende, mit Namen versehene und anonyme, z. B. von „mehreren Studierenden", welche es jedenfalls in ihrer Sympathie für die Trinkgelder, „welche jeder gerne giebt (,) wenn man (!) gut bedient wird", weiter gebracht hatten als in der Kenntniss der Interpunction und des deutschen Ausdrucks und schwerlich auf deutschen Universitäten zu suchen sein möchten. Selbst an Versen hat es nicht gefehlt — ich würde ihnen, wenn ich dessen sonst noch bedurft hätte, die Einsicht verdanken, dass der Gegensatz zwischen Gereimtem und Ungereimtem kein unvereinbarer ist. Ein Buchhändler hatte mir sogar die Ehre zugedacht, meinen Artikel in Separatausgabe mit Illustrationen erscheinen zu lassen, — eine Auszeichnung, die mir für Alles, was ich bisher geschrieben habe, noch nicht zu Theil geworden ist. Andere haben mich auf sonstige sociale Schäden aufmerksam gemacht, die ich in derselben Weise behandeln möge wie das Trinkgeld. Kurz, über die Früchte, die mein Trinkgeldartikel mir persönlich getragen hat, kann ich mich nicht beklagen. Ob derselbe auch diejenigen Früchte tragen werde, die ich sachlich zu erzielen suche, ist freilich eine andere Frage. Das Urtheil der Presse darüber lautet nicht gerade ermunternd; ob nicht hier und da einige Samenkörner aufgehen werden, muss die Zeit lehren, von verschiedenen Privatpersonen sind bereits Zuschriften zugekommen, worin sie mir mittheilen, dass sie auf Grund der von mir gegebenen Anregung das Trinkgeldergeben in ihren Häusern abgestellt haben.

Göttingen, 30. August 1882.

R. v. Jhering.

Vorwort
zur dritten Auflage.

Die gegenwärtige Auflage ist ein unveränderter Abdruck des früheren Textes und ist nur durch einen Nachtrag vermehrt worden, der aber nicht von mir, sondern von einer befreundeten Feder herrührt, und in dem das Material verwerthet wurde, das mir seit dem Erscheinen meines Aufsatzes durch Besprechungen in öffentlichen Blättern und durch Zusendungen aller Art in reichem Maasse zugeflossen ist. Ich selber war wegen einer bevorstehenden Publication, die alle meine Kräfte in Anspruch nahm, nicht in der Lage, mich der Aufgabe zu unterziehen.

Göttingen, 22. August 1888.

R. v. Jhering.

Untersuchungen, die ich über den Begriff der Sitte anzustellen hatte, führten mich auf den der Unsitte, und ich wählte, um den letzteren an einigen Beispielen aus unserer heutigen Zeit zu erläutern, neben dem Duell und den Leichenschmäusen auch das Trinkgeld. Letzteres war mir bis dahin nur von der juristischen Seite entgegengetreten. Ich hatte mich desselben in meinen conversatorischen Uebungen mit meinen Zuhörern bedient, um letzteren Gelegenheit zu geben, an einem von der Theorie seiner praktischen Einflusslosigkeit wegen nicht bestimmten Begriff sich in der Unterscheidung eines Begriffs von verwandten (hier des Geschenks, Almosens, Lohns) und der selbständigen eigenen Begriffsformulirung zu üben; kurz, es war bloss der juristisch-didaktische Werth, der bis dahin das Trinkgeld in meinen Gesichtskreis gerückt hatte.

Der Gesichtspunkt, unter dem ich es aus Anlass jener Untersuchungen zu betrachten hatte, führte mir eine neue Seite desselben entgegen: die sociale. Ich hatte mir über dieselbe zwar mein

Urtheil im Allgemeinen gebildet, sie aber bisher nie zum Gegenstande einer eindringenden Untersuchung gemacht. Es handelte sich hier für mich darum, das Trinkgelderwesen als eine thatsächliche Einrichtung unseres Lebens einer wissenschaftlichen Kritik zu unterwerfen und darauf denselben Massstab der Beurtheilung zur Anwendung zu bringen, den die Wissenschaft überall an sie anzulegen berufen ist: den ihres socialen Werthes oder Unwerthes. Ich sah mich vergebens nach Arbeiten Anderer um, die mich dieser Mühe hätten überheben können, ich erinnerte mich nicht, jemals über das Trinkgeld etwas gelesen zu haben;* der Wissenschaft lag der Gegenstand offenbar zu tief, um ihre Blicke auf sich zu ziehen, und ich verdankte diesem Umstande den Reiz eines wenn auch nicht gerade sehr ergiebigen, so doch völlig unberührten Themas. Dieser Reiz und das Streben, dasselbe vollständig zu erschöpfen, führte mich weiter, als in meinem anfänglichen Plane lag, und als ich mit meiner Arbeit fertig war, überzeugte ich mich, dass das Mass ihrer Ausführlichkeit in keinem Verhältniss stand zu dem Inter-

---

* Inzwischen hat Franz v. Holtzendorff in seinen geistvollen und anregenden „Politischen und unpolitischen Zeitglossen" in der „Gegenwart" (1881, Nr. 10) mit wenigen, aber treffenden Worten sich über den Gegenstand vernehmen lassen, und es freut mich, im Folgenden in den Punkten, wo wir übereinstimmen, auf ihn Bezug nehmen zu können.

esse, das sie in dem Zusammenhang meiner Untersuchungen beanspruchen konnte, und so schied ich sie von der Aufnahme in dieselben aus, um sie in anderer Form zu veröffentlichen.

Ich erwähne diese Vorgeschichte der Arbeit, um den eigenthümlichen Charakter, den sie an sich trägt, zu erklären und den Leser auf dasjenige, was er zu erwarten hat, vorzubereiten. Sie ist nicht auf blosse Unterhaltung berechnet. Ursprünglich hervorgerufen durch ein Motiv rein wissenschaftlicher Art, wünscht sie auch das Ohr der Wissenschaft zu erreichen, ich meine nicht sowohl das der Jurisprudenz, für welche das Wenige, was sie ihr zu bieten vermag: die Begriffsbestimmung des Trinkgeldes, ohne sonderlichen Werth ist, da praktische Folgen sich daran nicht knüpfen, sondern das der Ethik und zugleich das der Nationalökonomie, welche bei Gelegenheit des Lohnbegriffs dieses Mitteldinges zwischen Lohn und Geschenk meiner Ansicht nach nicht minder gedenken sollte als der eigenthümlichen Gestaltung desselben in Form des Gehaltes und Honorars, auf die ich bei einer früheren Gelegenheit ihre Aufmerksamkeit zu lenken versucht habe.* Nach dieser Seite hin bildet der vorliegende Aufsatz ein Seitenstück zu dem über den Gehalt und

---

* In „Nord und Süd" Bd. II, S. 152 ff. (1877), später in meinem „Zweck im Recht" Bd. I, S. 200 ff.

das Honorar. Mit diesem wissenschaftlichen Zweck verbindet derselbe aber zugleich den praktischen: einer Agitation gegen die Ausartung des Trinkgeldergebens, wodurch dasselbe zu einer wahren Plage des gesellschaftlichen Lebens geworden ist. Nach dieser Seite hin wendet sich derselbe an das grössere Publikum, um es für diese Agitation zu gewinnen, und diese Rücksicht ist für Ton, Haltung und Aufnahme des durch diesen Zweck bedingten Stoffes massgebend gewesen.

Ich schicke einige wenige Worte über Sitte und Unsitte voraus.

I.

Eine allgemein übliche Art des Handelns bezeichnen wir als Volksgewohnheit. Gesellt sich zu ihr das Moment der social verpflichtenden Kraft hinzu, so wird die Gewohnheit zur Sitte, steigert sich diese verpflichtende Kraft zur rechtlichen, so zum Gewohnheitsrecht; die Sitte wird durch die Gesellschaft mittelst der moralischen Zwangsgewalt der öffentlichen Meinung, das Gewohnheitsrecht durch die Staatsgewalt mittelst äusseren Zwanges realisirt.

Sitte und Recht gehören zu den überall sich wiederholenden Formen der gesellschaftlichen Ordnung, ihr Dasein und ihre Daseinsberechtigung ist mit dem Bestehen der Gesellschaft gegeben. Dies schliesst aber nicht aus, dass ihr Inhalt ausnahmsweise ein verwerflicher, d. h. dem wahren Besten der Gesellschaft nicht entsprechender sei. Beide können sich von vornherein verirren, oder es kann auch dasjenige, was ursprünglich bei dem damaligen Zustande der Gesellschaft angemessen war, hinterher in sein Gegentheil umschlagen. Bei der Sitte beruht auf diesem Zwiespalt dessen, was ist und doch nicht sein sollte, der Begriff der Unsitte. Letztere theilt mit der Sitte das Moment der social verpflichtenden Kraft, sie übt ganz dieselbe Zwangsgewalt aus wie jene, nicht selten sogar eine noch höhere (z. B. beim Duell), sie unterscheidet sich von ihr durch die Verwerflichkeit ihres Inhaltes. Der Bestand der Unsitte schliesst für die Gesellschaft den Vorwurf in sich, dass es ihr entweder an der Einsicht fehlt, die Schädlichkeit derselben zu erkennen, oder an dem Muth, dem als unberechtigt Erkannten den Gehorsam aufzukündigen: den Vorwurf der Charakterschwäche, der socialen Feigheit. Man unterwirft sich ihr mit Widerstreben und Murren und hat doch nicht die Kraft, das Joch, das man als solches erkannt hat, abzuwerfen.

II.

Unter Trinkgeld verstehen wir, wenn wir uns correct ausdrücken wollen, eine rechtlich nicht zu beanspruchende Vergütung für eine Dienstleistung. Wo diese Vergütung vereinbart ist oder ohne Vereinbarung rechtlich beansprucht werden kann, liegt, obschon der Ausdruck ungenauerweise nicht selten auch darauf angewandt wird, nicht Trinkgeld, sondern Lohn vor. Ein Kutscher, der sich neben dem Preis für die Fahrt noch ein bestimmtes Trinkgeld ausbedingt, erhält juristisch das Ganze als Lohn; die Benennung des einen, kleineren Theils als Trinkgeld hat lediglich einen historischen Grund, sie weist auf die Thatsache hin, dass dieser Theil des Lohnes ursprünglich als freie Gabe zu ihm hinzugefügt ward; juristisch ist es ein Widerspruch in sich selbst, ihn in seiner gegenwärtigen Gestalt noch als Trinkgeld zu bezeichnen.

Das Trinkgeld ist also in rechtlicher Beziehung eine völlig freie Gabe. Dies Kriterium theilt dasselbe mit der Schenkung. Von letzterer unterscheidet es sich durch seinen Zweck. Die Schenkung bezweckt die Bethätigung des Wohlwollens in Form einer ökonomischen Zuwendung, das Trinkgeld eine Vergütung für erwiesene Dienstleistungen (*merces*); es enthält daher eine Imitation des Lohnes und findet dem Sprachgebrauch zufolge nur bei denselben Dienstleistungen statt, bei denen letzterer Platz greift (den *operæ illiberales* der Römer, d. i. den Dienstleistungen gewerblicher Art oder der dienenden Classe). Bei einer einem Beamten gewährten Remuneration spricht Niemand von Trinkgeld, obgleich dieselbe sachlich mit letzterem auf einer Linie steht (d. i. eine rechtlich nicht zu beanspruchende Vergütung für erwiesene Dienstleistungen), denn der Beamte erhält keinen Lohn, sondern Gehalt,* und demgemäss als Ersatz desselben oder als Zuschlag zu demselben kein Trinkgeld, sondern Remuneration.

III.

Das Trinkgeld kommt im Leben in mannigfaltigen Gestaltungen vor, die ich auf drei Grundformen glaube zurückführen zu können.

Die erste ist die der Vergütung für kleine Dienstleistungen des täglichen Lebens, die regelmässig als Gefälligkeiten erwiesen werden (Gefälligkeitstrinkgeld). Es weist uns in einer fremden Stadt Jemand den Weg, bringt uns eine Sache nach, die wir vergessen haben u. s. w. Ihrer Natur und Bestimmung nach schliessen diese Dienstleistungen die Vergütung aus, sie werden erwiesen mit dem Bewusstsein und der Absicht einer Gefälligkeit und sollen auch von dem anderen Theil als solche entgegengenommen werden. Es ist ein falscher Stolz, sich dieselben nicht gefallen lassen zu wollen und in der Annahme derselben eine Demüthigung zu erblicken, die man sich durch das

---

* Worauf der Unterschied beider beruht, habe ich an dem oben angegebenen Ort ausgeführt.

Ziehen des Geldbeutels zu ersparen sucht. Solche kleine Gefälligkeiten soll Einer dem Anderen erweisen und von ihm entgegennehmen. Daher enthält das Anerbieten einer Vergütung für sie im Grunde eine Herabsetzung der Person, der es geschieht, es schliesst die Supposition einer niedrigen Gesinnung auf ihrer Seite in sich. Nur in zwei Fällen mag hier das Anerbieten und die Annahme einer Vergütung am Platze sein, einmal nämlich im Fall der Bedürftigkeit des Empfängers — hier lässt sich die Gabe unter den Gesichtspunkt eines durch die Gefälligkeit veranlassten Almosens bringen — und sodann in dem Fall, wo der Dienst das Mass der gewöhnlichen Gefälligkeit übersteigt und die Umstände zeigen, dass er in Erwartung einer Vergütung erwiesen ward; hier nimmt letztere die Natur eines durch die Billigkeit dictirten Lohnes an.*

Diese erste Art des Trinkgeldes ruft in socialer Beziehung nicht das mindeste Bedenken

---

* Für Nichtjuristen bemerke ich in Bezug auf diesen Fall Folgendes. Die Erweisung eines Dienstes ohne bedungenen oder versprochenen Lohn begründet rechtlich nur dann einen Anspruch auf denselben, wenn derjenige, der ihn erweist, ein Geschäft (Gewerbe) aus der Verrichtung solcher Dienstleistungen macht, und der Andere diese seine Eigenschaft kannte. Ein Dienstmann, der mir meine Reisetasche vom Bahnhof ins Hotel bringt, hat einen rechtlichen Anspruch auf Lohn, ein Tagelöhner nicht. Ein Advokat, den ich um seine rechtliche Ansicht über einen Rechtsfall bitte, kann mir dafür ein Honorar wach, selbst dann nicht, wenn es die ihm hier gesteckten Grenzen überschreitet; wir könnten es als das harmlose Trinkgeld bezeichnen. Die Klagen, die so oft über das Trinkgelderunwesen laut werden, gelten nicht ihm, sondern den beiden folgenden Arten.

IV.

Das Gemeinsame derselben besteht darin, dass derjenige, der den Dienst erweist — wir wollen ihn C. nennen —, von einem Anderen als dem Geber des Trinkgeldes — wir nennen letzteren B. — zwar nicht für die einzelne Dienstleistung, aber für seine Dienste im Ganzen einen Lohn erhält, zu dem nun noch derjenige, dem die Dienstleistung erwiesen wird — er soll A. heissen —, seinerseits das Trinkgeld hinzufügt. Letzteres hat hier mithin die Natur eines Zuschlages zum fremden Lohn, und der C. erhält doppelte Zahlung

---

berechnen, ein Richter, ein Professor der Jurisprudenz nicht; ein Schneider, der mir den Rock flickt, kann dafür Bezahlung verlangen, die Aufwärterin, das Stubenmädchen im Gasthof nicht. In Fällen der letzteren Art, wo Dienstleistungen, die man demjenigen, der ein Geschäft daraus macht, bezahlen muss, von einem Anderen ohne versprochenen Lohn erwiesen werden, ist das Trinkgeld vollkommen am Platz; dem Geber ist dadurch der Lohn, den er einem Anderen zahlen müsste, erspart, und es ist nicht mehr wie billig, dass er ihn demjenigen entrichtet, der sich einer Mühe unterzogen hat, für die sonst ein Lohn rechtlich beansprucht werden kann; das Trinkgeld enthält hier ein freiwillig gewährtes Surrogat des Lohnes.

für seine Dienstleistung, einmal von B., der sie bereits im Gesammtlohn bezahlt, und sodann von A., der sie ihm noch besonders vergütet. Letzterem gegenüber hat er darauf nicht den mindesten Anspruch, weder dem Recht noch der Billigkeit nach. Juristisch kommt er mit ihm in gar keine Berührung; die Dienstleistung, welche er ihm gewährt, hat ihren Grund nicht in einem Contractsverhältniss zwischen ihm und dem A., sondern zwischen ihm und dem B., und selbst wenn letzterer ihm den schuldigen Lohn nicht entrichten würde, könnte er doch daraus nicht den Grund zu einem Anspruch gegen den A. ableiten. Und auch die Billigkeit steht seinem Anspruch nicht zur Seite, denn C. wird für seine Dienstleistung von B. bezahlt, der Fall ist also ein gänzlich anderer als der obige des Trinkgeldes für eine reine Gefälligkeit.

Gleichwohl hat sich hier in manchen Fällen das Trinkgeld eingebürgert und zwar nicht als blosse Gewohnheit, sondern als Sitte in dem obigen Sinne, der man sich nicht entziehen kann, obschon man sie missbilligt, sie mithin für eine schlechte Sitte, für eine Unsitte (Unfug) erklärt. Die öffentliche Meinung ist in der Verurtheilung derselben in den meisten Fällen, wo diese Art des Trinkgeldes hergebracht, so gut wie einstimmig. Wie oft muss man nicht den Ausdruck des Unmuths und der Missbilligung vernehmen über den Unfug des Trinkgeldergebens in Gasthöfen, Restaurationen, Gesellschaften. Ist dies Urtheil ein begründetes? Darauf soll die folgende Ausführung Antwort ertheilen.

V.

In Bezug auf den zweiten Fall des Trinkgeldes, in dem dasselbe einen Zuschlag zum fremden Lohn bildet, im Gegensatz zu dem ersten, wo es einen Ersatz des Lohnes bildet, muss man zwei Gestaltungen unterscheiden, die auf der Verschiedenheit des Verhältnisses des A. zu B. beruhen. Das Verhältniss des A. zu B. kann doppelter Art sein: geschäftlicher oder rechtlicher, d. i. ein Contractsverhältniss, oder geselliger Art. Das Trinkgeld, welches A. in jenem Fall dem C. entrichtet, will ich das geschäftliche oder das des Kunden, das zweite das gesellige oder das Domestikentrinkgeld nennen.

Das Gemeinsame beider Fälle besteht darin, dass A. dem C. eine Dienstleistung vergütet, für die er bereits von B bezahlt ward; im Uebrigen aber weichen beide erheblich von einander ab, und wir werden sie daher bei der folgenden Betrachtung von ein der trennen.

Die geschäftliche Form des Trinkgeldes findet sich nur bei gewissen Verhältnissen und Gelegenheiten, die zum Theil local variiren, und von deren Namhaftmachung ich Abstand nehmen zu dürfen glaube, da jeder meiner Leser Fälle genug in

Bereitschaft haben wird. Warum nur bei ihnen, warum nicht in allen Fällen, wo C. zur Beschaffung der Leistung des B. an A. mitwirkt? Wenn es billig ist, dass C. dafür eine Vergütung erhält, so müsste man im Gasthof gleichwie dem Kellner so auch dem Koch, dessen Leistung man vielleicht viel mehr Ursache hat zu schätzen als die des Kellners, ein Trinkgeld geben, und der Zuschneider beim Schneider würde einen grösseren Anspruch darauf erheben können als der Lehrling, der bloss den fertigen Rock überbringt.

Damit haben wir die erste Voraussetzung genannt, an welche die Sitte das Geben des Trinkgeldes knüpft: dasselbe wird nur an diejenigen Personen entrichtet, mit denen wir durch unser Contractsverhältniss zu B. in unmittelbare Berührung getreten sind (*„præsens præsenti dat"*, um die Worte eines römischen Juristen für ein anderes Geschäft heranzuziehen), die übrigen, welche dabei für uns nicht sichtbar werden, hinter den Coulissen bleiben, werden nicht beachtet. Und doch hätten sie vielleicht einen viel grösseren Anspruch auf die Bethätigung unserer Erkenntlichkeit. Der Setzer, der das schwer lesbare Manuscript eines Schriftstellers mit Mühe und Anstrengung entziffert hat, hätte gewiss eine Vergütung für seine Mühewaltung verdient, aber der Schriftsteller kommt mit ihm nicht in persönliche Berührung. Unser erstes Kriterium für das Trinkgeld ist demnach: wer von uns ein Trinkgeld erhalten will, muss uns aufsuchen, wir suchen ihn nicht auf — der sociale Zwang zur Gewährung eines Trinkgeldes ist an das persönliche Begegnen, die unmittelbare Berührung geknüpft, es ist lediglich die Situation, die es uns abnöthigt. Nicht also das Werthverhältniss der Leistung an sich ist es, welches das Trinkgeld erzielt, sondern der reine Zufall der persönlichen Berührung, in manchen Fällen sogar nichts als letztere ohne alle und jede reale Leistung. Von dem Dienstpersonal haben der Hausknecht und der uns bei Tisch oder auf unserem Zimmer bedienende Kellner in der That etwas für uns gethan, der Oberkellner dagegen, dem wir die Rechnung berichtigen, nicht das Mindeste, er nimmt bloss unser Geld entgegen, ebenso wie der Kassenbeamte oder die Kassirerin in grossen Geschäften. Letzteren müssten wir, wenn wir consequent sein wollten, ebenfalls ein Trinkgeld anbieten. In Städten, wo es in Restaurationen und Kaffeehäusern eigene Zahlkellner giebt, wie z. B. in Wien, und wo daneben ein Trinkgeld an den aufwartenden Kellner nicht üblich ist, steckt mithin derjenige, der nichts für uns gethan hat, ein Trinkgeld in die Tasche, das, wenn es überhaupt gegeben werden soll, demjenigen gebührt, der uns wirklich bedient hat. Die letztere Erwägung oder richtiger die falsche Scheu, im Trinkgeldergeben ja nicht zu wenig zu thun, hat es allerdings an manchen Orten, wo diese Einrichtung der Zahlkellner besteht, bereits dahin gebracht, ein doppeltes Trinkgeld zu geben.

Also die persönliche Berührung mit C. ist die unerlässliche Voraussetzung, damit wir den Beutel ziehen. Aber auch da, wo sie vorliegt, thun wir es doch nicht schlechthin, selbst dann nicht, wenn die Leistung, der wir das Trinkgeld versagen, desselben in ungleich höherem Masse würdig wäre als diejenige, der wir dasselbe zuerkennen. Ein Postbote, der in grossen Städten wie ein gehetztes Wild den ganzen Tag Trepp auf Trepp ab läuft, bei Regen und Wind, Frost und Hitze sich abmühen muss, erhält für den Brief, den er überbringt, nichts, höchstens zu Neujahr ein Pauschquantum, das, wenn einmal die aufgewandte Mühe den Massstab des Trinkgeldes bilden soll, im schreienden Missverhältniss steht zu der Einnahme, welche der Oberkellner in grossen Gasthöfen aus den Trinkgeldern bezieht.

Damit haben wir den Grundzug geschildert, der das ganze Trinkgelderwesen in der hier in Rede stehenden Richtung charakterisirt: den der Inconsequenz und Willkür. Es ist der reine Zufall, der hier waltet; bald wird das Trinkgeld gewährt, bald, wo ganz dieselben Voraussetzungen vorliegen, ja wo sie noch in erhöhtem Masse vorhanden sind, wird es versagt; man muss sich überall erst förmlich darüber informiren, wo es zu geben ist, um keinen Anstoss zu erregen; was hier üblich ist, ist es dort nicht. In manchen Gegenden gehört das Stubenmädchen im Gasthof mit zu den zu berücksichtigenden Personen, in anderen nicht, hier der aufwartende Kellner neben dem Zahlkellner, dort nicht. Bei meinem ersten Besuch Italiens vor einer langen Reihe von Jahren erinnere ich mich, dass die Postpassagiere sämmtlich dem Postillon eine Kleinigkeit als Trinkgeld verabreichten, bei meinen späteren Besuchen war die Sitte spurlos verschwunden. Es giebt keine andere Schöpfung unseres Lebens, die so gänzlich principlos wäre wie diese; jeder Versuch, irgend einen der Gesichtspunkte, die man dabei in Betracht ziehen könnte, streng durchzuführen, scheitert, man kommt stets wieder darauf zurück: die Sitte ist einmal so, weiter lässt sich nichts sagen. Bildete das blosse Wohlwollen das Motiv des Trinkgeldes, ich meine, es würden sich geeignetere Persönlichkeiten finden lassen, um dasselbe zu bethätigen, als Kellner und Hausknechte in Gasthöfen. Wäre es der Gedanke der Vergeltung, die Vergeltung müsste den Mann suchen, der die Dienste erwiesen hat, nicht er sie, und es müsste bei Abmessung derselben die Mühe und Arbeit, die er hat aufwenden müssen, wenigstens einigermassen in Betracht gezogen werden, während sich das Trinkgeld darüber gänzlich hinwegsetzt. Kurz, es spottet jedes Versuches, ihm mit irgend einem Princip beizukommen; es lässt sich in keine Regel bannen — das Trinkgeld ist capriciös.

VI.

Damit stehen wir vor der Frage, welche Motive denn das Trinkgeld in den Verhältnissen, in denen es einmal obligat geworden ist. eingeführt haben mögen. Darüber lassen sich selbstverständlich nur Muthmassungen äussern, denn diejenigen Personen, welche es zuerst verabreichten, haben uns darüber keine Kunde hinterlassen. Die Frage: Was hat sie veranlasst? vermögen wir also nur in der Form zu beantworten: Was konnte sie veranlassen?

Meiner Ansicht nach lässt sich als Grund nur der Egoismus namhaft machen. Das ursprüngliche Motiv des Trinkgeldes war nicht Wohlwollen, Menschenfreundlichkeit, Billigkeit. sondern Eigennutz — der Mann, der das erste Trinkgeld gab, bezweckte etwas für sich damit. Was denn? Zwei Verhältnisse sollen uns darauf die Antwort ertheilen: das Trinkgeld des Fahrgastes an den Droschkenkutscher und das des Gastes an das Dienstpersonal in Restaurationen und Gasthöfen.

Es nimmt Jemand eine Droschke, dem viel daran liegt, rasch befördert zu werden, um z. B. noch zeitig zur Eisenbahn zu gelangen. Zahlt er bloss die Taxe, so hält der Kutscher sein gewöhnliches Tempo inne, und er kommt zu spät. Hier bleibt dem Fahrgast, wenn er seinen Zweck erreichen will, nichts übrig, als dem Kutscher einen Zuschlag zur Taxe, d. i. ein Trinkgeld zu versprechen. Leistung um Gegenleistung — gewöhnliches Tempo, gewöhnlicher Satz — beschleunigte Fahrt, erhöhter Satz. Der Zuschlag zur Taxe trägt hier wie bei unserer ersten Art des Trinkgeldes ganz die Natur des Lohnes an sich, es wird dafür etwas geleistet, was nicht begehrt werden konnte.

In derselben Weise erkläre ich mir den Ursprung des Trinkgeldes an den Lohnkutscher bei längeren Fahrten: Tages- oder Nachmittagsfahrten, wie es sich in ganz Deutschland findet. Es ward ursprünglich nicht dafür bezahlt, dass derselbe fahre, sondern dass er gut fahre, es war ebenfalls eine über den Preis hinaus bewilligte Prämie für eine Steigerung der Leistung über das gewöhnliche Mass hinaus und daher beim Fuhrherrn ganz ebenso am Platze wie beim Knecht — Steigerung der Leistung, Steigerung des Lohnes.

Unter denselben Gesichtspunkt einer Vergütung für eine nicht zu beanspruchende Leistung ist auch das Trinkgeld zu bringen, das von Eisenbahnreisenden so häufig an die Schaffner entrichtet wird, damit sie keine anderen Personen zu ihnen ins Coupé setzen. Es wird entrichtet für eine Leistung, die als solche nicht beansprucht werden kann.

Ganz dieselbe Bewandtniss hatte es meiner Ansicht nach ursprünglich auch mit dem Trinkgeld in öffentlichen Wirthschaften. Es ward entrichtet von Leuten, die sich dadurch Vortheile verschaffen wollten, auf die sie ohne dasselbe nicht zählen konnten: einen zuvorkommenden Empfang, ein freundliches Gesicht, eine besonders aufmerksame Bedienung, die Sicherung des gewohnten Platzes im Local oder der gewünschten Zeitungen; oder auch Vortheile materieller Art: eine reichlichere oder bessere Portion des bestellten Gerichts, ein volles Glas Bier u. s. w. Man könnte es das Trinkgeld des Stammgastes nennen, der dabei genau calculirte, was es ihm eintrug. Bei einem Fremden, der nur vorübergehend das Local besuchte, hatte es keinen Sinn, für den Stammgast machte es sich bezahlt.

In ähnlicher Weise wird das Trinkgeld in den Gasthöfen aufgekommen sein. Es ward eingeführt von Leuten, die regelmässig wiederkehren, z. B. Handlungsreisenden, die schon durch die Preisermässigung, welche sie in den Gasthöfen geniessen, eine Veranlassung haben, eine davon zu befürchtende minder respectvolle Behandlung von Seiten des Dienstpersonals durch das Trinkgeld auszugleichen; von Gutsbesitzern, die bei gewissen Gelegenheiten: Märkten, Terminen u. s. w., in die benachbarte Stadt kommen. Für diese Personen machte sich das Trinkgeld bezahlt, sowohl in der

Aufmerksamkeit, mit der ihnen das Dienstpersonal entgegenkam, als in dem guten Zimmer, das man ihnen zuwies oder aufhob. Auch hier war es wiederum der Stammgast (d. i. der Gast, auf den der Wirth zählen kann, der den „Stamm" seiner Kunden bildet), der das Trinkgeld einführte. Für den durchreisenden Fremden, der nur ein einziges Mal den Gasthof besuchte, den sporadischen Gast im Gegensatz zum Stammgast, hatte dasselbe gar keinen Sinn, und bevor das Trinkgeld nicht durch letzteren zur Sitte geworden war, wird jener keines gegeben haben, für ihn wäre es eine völlig zweck- und nutzlose Ausgabe gewesen. Nur einen Fall des sporadischen Gastes nehme ich aus: es war der vornehme Herr, der das Bedürfniss empfand, seine hervorragende sociale Stellung und aristokratische Gesinnung durch einen Act der Freigebigkeit an alle Personen zu bezeichnen, welche die Ehre gehabt hatten, ihn zu bedienen; sein Trinkgeld war die Imitation der goldenen Tabatièren, reichen Geldgeschenke, Orden der fürstlichen Personen — die leuchtenden Fussspuren, an denen man den Weg erkennt, den die irdische Grösse gewandelt ist. Auch dieses Trinkgeld aber, das ich als das des Cavaliers bezeichnen möchte, glaube ich auf den Gesichtspunkt eines egoistischen Motivs zurückführen zu können, nur dass der Vortheil, den es bezweckte, nicht der niederen Region der materiellen Vortheile angehörte, in der sich das obige des Stammgastes bewegt — man könnte letzteres im Gegensatz dazu das des Spiessbürgers nennen —, sondern der idealeren des socialen Ehrgeizes.

So gelange ich zu dem Resultat: der Egoismus hat das Trinkgeld eingeführt. Diejenigen, welche es ursprünglich, als es noch nicht zur zwingenden Einrichtung geworden war, zuerst entrichteten, wussten genau, was sie damit bezweckten: sie wollten damit etwas für sich erreichen, und sie erreichten es in der That — der Egoismus machte sich bezahlt.

Aber im Fortgang der weiteren Entwickelung hat er sich selber um den Gewinn gebracht. Der Same, den er ausstreute, hat ihm schliesslich statt der ursprünglichen Früchte Disteln eingetragen.

Der Hergang ist ein sehr einfacher. Als diejenigen, welche aus eigener Initiative nicht auf den Gedanken gekommen waren, Trinkgelder zu geben, inne wurden, was Andere damit erreichten, blieb ihnen, um nicht hinter Letzteren zurückgesetzt zu werden, nichts übrig, als auch ihrerseits dasselbe Mittel in Anwendung zu bringen, das sich bei jenen als so wirksam erwiesen hatte. So wurde das Trinkgeldergeben häufiger, schliesslich Gewohnheit.

Aber die blosse Gewohnheit ist noch keine Sitte. So lange das Trinkgeldergeben noch in dem Stadium der blossen Gewohnheit verharrte, stand es allen denjenigen, welche auf die dadurch zu erzielenden Vortheile verzichten wollten, frei, sich desselben zu enthalten; seitdem die Gewohnheit Sitte geworden war, nicht mehr.

Wodurch ist dieser Umschwung bewirkt worden? Wiederum durch den Egoismus, nur dass es diesmal nicht der des Gebers, sondern des Nehmers war. Jener hat in diesem seinen Meister gefunden, letzterer hat das Werk würdig fortgesetzt, indem er jenem aus der Angelruthe, mit der er zu fischen gedachte, einen Strick drehte, an dem er ihn gefangen nahm. Kellner, Hausknechte, Wirthe haben die Einrichtung, die der Gast für sich ins Leben rief, ihrem Interesse dienstbar zu machen gewusst, sie haben die Hand, die sich ihnen entgegenstreckte, erfasst, um sie nicht mehr loszulassen.

Zuerst waren es die Kellner und Hausknechte, die sich derselben bemächtigten; was einst frei gegeben ward, beanspruchten sie fortan als schuldige Leistung. Und sie haben dafür gesorgt, ihrem Anspruch den nöthigen Nachdruck zu verleihen. Ich brauche die Mittel nicht namhaft zu machen, die ihnen zu dem Zweck zur Verfügung standen: sie beginnen mit der stummen, aber nicht misszuverstehenden Sprache der Höflichkeit und enden mit der offenen der Grobheit und Frechheit — wer kennte nicht diese Sprache des Gasthofspersonals? So ist denn das Trinkgeld in den Gasthöfen für Jeden, der sich nicht Unannehmlichkeiten aussetzen will, eine unabweisbare Abgabe geworden, ganz ebenso wie im Mittelalter für Kaufleute, die nicht ausgeplündert sein wollten, das Wegegeld an Raubritter und Wegelagerer oder wie so manche Steuern, die ursprünglich als freie Gaben entrichtet wurden, — eine Wirthshaussteuer.

VII.

Die reiche Einnahmequelle, welche sich dem Dienstpersonal in den Trinkgeldern eröffnet hatte, brachte ingeniöse Wirthe auf die Idee, den Strom auf ihre lechzenden Aecker zu lenken. Ein findiger Wirth war um das Mittel nicht verlegen. Das nächstliegende bestand darin, dass er sich bei Engagirung seiner Leute die Ablieferung aller ihnen zufliessenden Trinkgelder ausbedang. Aber das Mittel war ein unsicheres, da der Erfolg desselben durch die Zuverlässigkeit und Ehrlichkeit der Leute bedingt war, die gerade hier, wo es galt, eine ihnen zugedachte Gabe einem Anderen, für den sie nicht bestimmt war, auszuhändigen, auf eine schwere Probe gestellt ward, der Schwierigkeit der Controle gar nicht zu gedenken. Und zugleich war das Mittel aus eben diesem Grunde ein gehässiges — das unbefangene Rechtsgefühl der Leute konnte darin nur ein in Form Rechtens vorgenommenes Abjagen des ihnen Gehörigen erblicken. Auch der Eifer des Dienstpersonals und damit das Interesse der Gäste ward vermöge der dadurch erregten Missstimmung in bedenklicher Weise bedroht — das Mittel war nicht das richtige.

Das zweite bestand darin, dem Dienstpersonal bei der Annahme desselben die Aussicht auf die Trinkgelder als Theil des Einkommens in Anrechnung zu bringen und den Lohn um so viel zu verkürzen oder völlig zurückzubehalten. Dieses Mittel hat die Probe in der Praxis bestanden und fiudet sich an vielen Orten in lebhafter Uebung, so insbesondere in manchen Badeorten, wo das Gesinde die Sommermonate hindurch nur um die Trinkgelder dient. Die oben geltend gemachten Bedenken greifen hier nicht Platz, es bedarf weder der Ehrlichkeit der Leute, noch der Controle von Seiten des Herrn, und das Gehässige der obigen ersten Art der Vereinbarung fällt hinweg, da das Trinkgeld dem Dienstpersonal verbleibt.

Aber auch dies Mittel war noch nicht das richtige — es trug dem Gastwirth zu wenig ein! Denu was wollte die ihm dadurch ermöglichte Ersparung des Lohnes sagen gegenüber den grossen Summen, mit denen sich der Ertrag des Trinkgeldes unter Umständen beziffert, und die er in die Tasche seiner Leute fliessen sehen musste? Bei einem Hausknecht in einem stark frequentirten Gasthof, bei einem Zahlkellner in einem renommirten Wiener Café steigert sich der Ertrag vielleicht zum Zwanzigfachen des üblichen Lohnes

— zugleich ein schlagender Beweis für das enorme Missverhältniss, in dem die Dienstleistungen dieser Personen im Vergleich zu ihrem ökonomischen Werth und zu den Leistungen anderer Personen durch das Trinkgeld vergütet werden. Die Wirthe wussten auch hier Rath: eine Goldgrube, die man nicht selber ausbeuten kann und die man genöthigt ist einem Anderen zu überlassen, kann wenigstens Pachtzins tragen — auch der Goldgräber in Californien hat für seinen Platz eine Abgabe zu entrichten. So wurden die einträglichsten Posten in dem Gasthofsbergwerk: die der Oberkellner, Zahlkellner, Hausknechte, verpachtet, und es erschloss sich für die Wirthe daraus eine Einnahmequelle, deren Ertrag nicht selten in die Tausende geht. Trotzdem warf sie auch dem anderen Theil noch ganz erkleckliche Summen ab; mir sind Fälle bekannt, dass Hausknechte sich von dem in dieser Weise bereits vorher decimirten Ertrage ihrer Trinkgelder die grössten Gasthöfe kauften.

Das Problem war aber auch damit noch nicht vollständig gelöst, es gab noch ein anderes Mittel, das gleichfalls einen grossen Erfolg versprach. Wie unangenehm für den Reisenden, sagte unser ingeniöser Gastwirth — ich erlaube mir die Bemerkung einzuschalten, dass es kein Semite war; unsere Gastwirthe sind sämmtlich echt germanischer Race —, jedesmal die Trinkgelderfrage entscheiden zu sollen, ich will ihn der Mühe überheben, indem ich die Trinkgelder auf die Rechnung schreibe, selbstverständlich so reichlich bemessen, dass der Gast mir nicht den Vorwurf einer seiner nicht würdigen Knauserei machen kann. So kamen die Trinkgelder auf die Rechnung, sie wurden fortan ein stehender Posten: das „Servis". Der Wirth hatte seinen Zweck erreicht — die Trinkgelder flossen in seine Tasche, er seinerseits konnte fortan mit Gemüthsruhe dem weiteren Verlauf der Dinge zusehen.

Auch der Gast und der Kellner? Scheinbar war ersterer jetzt des Trinkgeldergebens überhoben, in Wirklichkeit aber war seine Lage keine andere als die des mildherzigen Mannes, der einem armen Jungen, dem die Hände zu erfrieren drohten, ein paar warme Handschuhe kaufte, und der, da der Vater dieselben für sich nahm, sich genöthigt fand, ihm ein Paar neue zu kaufen. Die Reisenden, welche anfänglich an den Ernst jener neuen Einrichtung glaubten und sich des Trinkgeldergebens an das Dienstpersonal überhoben meinten, wurden bald eines Besseren belehrt. Zuerst durch die Notiz auf der Gasthofsnote: „Hausknecht und Portier sind im obigen Servis nicht einbegriffen." Warum nicht einbegriffen? Selbstverständlich! Sonst hätte ja unser ingeniöser Wirth auf die Einnahmequelle, die er in der Verpachtung dieser Posten besass, verzichten müssen — eine Unbilligkeit, die Niemand ihm zumuthen konnte! Der zweite hinkende Bote, der sich beim Gast einstellte, war das durch diese Neuerung um seine bisherigen Ansprüche auf das Trinkgeld gebrachte Dienstpersonal. Es theilte die Eigenthümlichkeit depossedirter Landesherren, seine Ansprüche nicht vergessen und sich mit der veränderten Gestalt der Dinge nicht befreunden zu können, und es sorgte gleich ihnen dafür, seine historischen Ansprüche in Erinnerung zu erhalten. Nur mit besserem Erfolg! Der Protest eines Prätendenten gleitet an der rauhen Wirklichkeit spurlos ab, da ihm die Macht fehlt, demselben Nachdruck zu verschaffen; dem Protest der Trinkgeldsprätendenten gegen die neue Einrichtung fehlte dieser Nachdruck nicht. Die Mittel, durch welche sie es seiner Zeit verstanden hatten, ihre Ansprüche auf das Trinkgeld zuerst praktisch durchzusetzen, bewährten auch bei diesem Angriff auf dieselben ihre alte Brauchbarkeit. Das Ende war, dass die Gäste sich in die Lage versetzt sahen, neben dem „Servis", das der Wirth für sich beanspruchte, noch dem Dienstpersonal ein „Trinkgeld" zu gewähren. Die ganze Veränderung bestand also darin, dass das Trinkgeld unter dem Namen des Servis einen neuen Schössling getrieben, „gejungt" hatte — die Einrichtung, die dasselbe aus der Welt schaffen sollte, hatte es verdoppelt!

So waren die Interessen des Wirths und des Dienstpersonals in harmonischer Weise vereinigt, jeder von beiden Theilen hatte, was er wünschte, keiner brauchte den anderen zu beneiden — der Friede war hergestellt. Allerdings auf Kosten eines Dritten, aber die Geschichte zeigt, dass ähnliche Friedensschlüsse selbst auf völkerrechtlichem Gebiet nicht ungewöhnlich sind. Es ist eine Ungenauigkeit, wenn man den Satz aufstellt: *Duobus litigantibus tertius gaudet* (= Wenn Zwei sich streiten, lacht der Dritte ins Fäustchen), die volle Wahrheit erfordert, ihm den Satz zur Seite zu stellen: *Duobus litigantibus tertius dolet* (= Wenn Zwei sich streiten, hat der Dritte die Zeche zu bezahlen, oder in völkerrechtlicher Terminologie ausgedrückt: liefert er das Ausgleichungsobject). Es ist interessant, zu constatiren, dass dieser Satz selbst in so niederen Regionen, wie es die des Trinkgelderwesens ist, seine Wahrheit behauptet — die Interessenversöhnung zwischen dem Wirth und dem Dienstpersonal ist historisch dadurch bewirkt worden, dass der Gast das Ausgleichungsobject lieferte.

VIII.

Sehen wir uns jetzt die Lage des Gastes, über dessen Kopf hin der Frieden zwischen beiden Theilen abgeschlossen ward, einmal etwas näher an. Wir vergleichen dieselbe, wie sie sich infolge der oben geschilderten historischen Entwickelung gestaltet hat, mit der ursprünglichen vor Einführung des Trinkgeldes. Damals reichte das Trinkgeld (x) des A. vollkommen aus, um die

Leistung des C. *(l)* über das gewöhnliche, dem Wirth (B.) mittelst des Preises *(p)* vergütete Mass zu steigern; x machte sich auch neben p bezahlt. Aber diese Eigenschaft verlor es, sobald das Geben von x allgemein ward. Wer jetzt noch etwas Besonderes für sich begehrte, musste x über das gewöhnliche Mass hinaussteigern; wer nur dasjenige gab, was Alle gaben, that nichts Ungewöhnliches — gewöhnlicher Lohn gewöhnliche Leistung, ungewöhnliche Leistung ungewöhnlicher Lohn.

So bestand also das Resultat nur darin, dass x zu p als regelmässiger Bestandtheil hinzukam. Dasselbe l, welches früher p kostete, kostete jetzt $p + x$; gewonnen hatte dadurch nicht der A., sondern lediglich der C. Der Egoismus war um seine erwartete Frucht geprellt, er hatte sich selber in x eine Ruthe gebunden, die er jetzt nicht mehr los ward.

Zu dem x, das von jetzt an C. als schuldige Leistung begehrte, fügte nun unter dem Namen von Servis *(s)* der bis dahin unbetheiligte B. einen zweiten Posten hinzu, er erhielt also die in p bereits enthaltene Vergütung für die Dienstleistung des C. fortan doppelt bezahlt, A. seinerseits aber bezahlte sie dreifach: $p + x + s$, ohne dass er damit im mindesten mehr erreichte als ursprünglich mit p allein. Der Satz von p war einfach um diese beiden Ziffern vermehrt worden. Wer heutzutage noch den ursprünglichen Zweck von x, d. h.

irgend etwas Ungewöhnliches in Bedienung, Speise, Trank erreichen will, muss zu diesen drei Posten noch einen vierten: einen Ueberschuss des Trinkgeldes über das allgemein übliche Mass, hinzufügen — das Trinkgeld in seiner ursprünglichen Gestalt.

Es möchte noch darum sein, wenn C., der seine Hand nach Trinkgeld ausstreckt, nur eine einzige Person wäre! Aber hinter C. versteckt sich in Wirklichkeit eine ganze Schar von Personen: der Portier, der Oberkellner, der Zimmerkellner, der Kellner im Gastzimmer, der Hausknecht, das Stubenmädchen, der Kutscher vom Hotelomnibus, der uns die Sachen an den Wartesaal der Eisenbahn bringt; in wohlorganisirten Hotels zieht sich der Hausknecht, der dies ebenso gut besorgen könnte, bei unserem Verlassen des Gasthofes rücksichtsvoll zurück, um auch dem Kutscher seinen Antheil am Trinkgeld zukommen zu lassen.* Es fehlen nur noch Koch und Köchin, um das Bild eines ökonomischen Spiessruthenlaufens beim Verlassen des Gasthofes vollständig zu machen.

Mit der Vertheuerung der Preise allein ist es dabei nicht gethan. Das ist bloss die ökonomische

---

* In einem Hotel an einem der oberitalischen Seen, in dem ich mich vor Kurzem einige Tage aufhielt, gesellte sich noch der Gärtner mit einem Blumenstrauss hinzu — eine Blumensprache, der man die Eigenschaft, verständlich zu sein, nicht absprechen konnte; ich war dort genöthigt, ein siebenfaches Trinkgeld zu zahlen.

Seite der Entwickelung, welche sie mit jeder anderen Preissteigerung theilt und die man, da sie durch eigene Schuld des Publikums bewirkt worden ist, als verdiente Strafe in den Kauf nehmen muss. Die Sache hat vielmehr noch eine andere Seite, welche das Trinkgelderwesen nicht zu einer bloss kostspieligen, sondern zu einer persönlich lästigen, recht unleidlichen Einrichtung stempelt.

IX.

Das Geben der Trinkgelder ist kein Zahlen. Beim Zahlen weiss man genau, wie viel man zu zahlen hat, beim Trinkgeld nicht, dasselbe muss vielmehr immer erst im einzelnen Fall festgestellt werden, und eben darauf beruht der unleidliche Charakter desselben im Gegensatz zur Zahlung. Die Bestimmung des Trinkgeldes ist Sache des individuellen Falles, es bedarf dazu erst der Ueberlegung, und der Mann, der nicht gewohnt ist, sein Geld einfach wegzuwerfen, wird dabei stets zwischen die Alternative des Zuviel oder Zuwenig gestellt — er will nicht zu viel, aber er soll nicht zu wenig thun. Wie variirt das Zuviel und Zuwenig nach Verschiedenheit der Länder, Gegenden, Gasthöfe, und von welchem Einfluss ist dabei der Umstand, ob man eine aufmerksame oder nachlässige Bedienung gefunden hat, mit dem Gasthofe selber zufrieden gewesen ist, ob die Rechnung übermässig hoch oder billig ausgefallen ist. Kurz, Niemand, der sich auf Reisen begiebt, ist im Stande, schon bei sich zu Hause die Trinkgelderfrage durch Feststellung eines ein- für allemal bestimmten Satzes abzuthun.

So begleitet ihn denn die Trinkgelderfrage auf der ganzen Reise, sie haftet sich an jede Wirthshausrechnung, die er zu bezahlen hat, an jeden der vielen dienstbaren Geister, mit denen er im Gasthof in Berührung getreten ist — hier kaum abgemacht, taucht sie dort sofort von Neuem wieder auf. Ich kann mir eine angenehmere Reisebegleiterin denken! Ich meinerseits würde gern zu der Summe, die ich im Gesammtbetrage auf der Reise an Trinkgeldern zu verausgaben habe, noch ein Beträchtliches zulegen, wenn ich damit der widerwärtigen Bemessung desselben in jedem einzelnen Fall überhoben wäre.*

Unbestimmtheit also ist das Wesen des Trinkgeldes, unser x ist eine variable, stets im einzelnen Fall zu suchende und zu bestimmende Grösse, es ist das x der Arithmetik, die unbekannte Grösse, welche erst auf dem Wege der Berechnung gefunden werden muss, nur mit dem Unterschiede,

---

* Ein Freund von mir hat sich eine eigene „Aergerkasse" für Reisen eingerichtet, die alle Ausgaben auf Reisen zu bestreiten hat, die ihn ärgern könnten. Die Aergerkasse nimmt ihm den Aerger ab, sie selber ärgert sich nur einmal, wenn sie gefüllt wird. Sie ist für die Trinkgelder wie gemacht.

dass das arithmetische x mit aller Sicherheit gefunden werden kann, während dies bei dem unserigen nicht der Fall ist. Dadurch unterscheidet es sich zu seinem grossen Nachtheil vom Lohn, der eine sei es von Anfang an festbestimmte, sei es hinterher sicher zu bemessende Grösse ist. Nach dieser Seite hin theilt das Trinkgeld die Natur der Freigebigkeit: des Geschenkes oder Almosens. Aber die Freigebigkeit ist volle Freiheit, sie ist „freie Gabe" sowohl was das Ob als das Was anbetrifft, das Trinkgeld dagegen ist halbe Freiheit: Gebundenheit in Bezug auf das Ob, ebenso wie der Lohn, nur dass die Gebundenheit nicht rechtlicher, sondern socialer Art ist, Freiheit in Bezug auf das Was.

X.

Ich fasse die sämmtlichen Ausstellungen, welche sich mir bei meiner bisherigen Kritik des geschäftlichen Trinkgeldes ergeben haben, wie zu einer Anklageacte zusammen. Es sind folgende:

1) Das Geben des Trinkgeldes bestimmt sich lediglich nach dem Zufall der persönlichen Berührung. Wo es an dieser Voraussetzung fehlt, wird es nicht entrichtet, selbst wenn die geleisteten Dienste noch so erheblicher Art sind, also — die Billigkeit einer besonderen Vergütung vorausgesetzt — einen ungleich höheren Anspruch auf

letztere hätten als die regelmässig sehr unbedeutenden Dienstleistungen, für die das Trinkgeld im Leben entrichtet zu werden pflegt.

2) Der Massstab, nach dem diese Dienstleistungen mittelst des Trinkgeldes gewerthet werden, steht in gar keinem Verhältniss zum Werth derselben, d. h. zu dem Aufwande von Kraft und dem sonst üblichen Lohnsatz; es findet in dieser Beziehung das schreiendste Missverhältniss statt.

3) Eine Berechtigung hat das Trinkgeld nur da, wo es eine Vergütung für eine Leistung enthält, die man, sei es überhaupt nicht, sei es wenigstens nicht in der gewünschten Weise, beanspruchen kann. Bei der hier zur Betrachtung stehenden Art des Trinkgeldes fällt dieser Grund hinweg, dasselbe enthält eine Vergütung für etwas, was man bereits bezahlt hat, ein reines Superfluum. Das Motiv, warum man es entrichtet, ist weder Billigkeit noch Wohlwollen, sondern lediglich die Unterwerfung unter das Zwangsgebot der Sitte. Diese Sitte aber ist eine Unsitte. Das Trinkgeld in der obigen Gestalt ist nichts als das *Corpus mortuum* des Egoismus — der ursprüngliche Zweck wird dadurch nicht mehr erreicht, der Egoismus des einen Theiles ist durch den des anderen um den vorübergehend erzielten Gewinn gebracht.

4) Die Kostspieligkeit und
5) Die Unbestimmtheit desselben.

XI.

Ich gehe zu der dritten Art des Trinkgeldes über: dem geselligen oder dem Domestikentrinkgeld.

An vielen Orten Deutschlands, man muss vielleicht sagen: an den meisten* ist es bekanntlich üblich, dass der Gast, der in einem Hause irgend etwas genossen hat, und wäre es auch nur eine Tasse schwachen Thees nebst Butterbrot, sich ebenso wenig ohne Trinkgeld verabschieden darf wie der Gast in einem öffentlichen Local. Regelmässig drückt er es dem Dienstmädchen, Bedienten, Lohndiener in die Hand, die zu dem Zweck auf dem Vorplatz warten; in Basel lernte ich (1845) die eigenthümliche Sitte kennen, dass es nach Beendigung des Mahles unter den Teller gelegt ward. Die Geschmacklosigkeit geht bei dieser Art des Trinkgeldes so weit, dass die Höhe desselben nach dem Werth des Genossenen bemessen wird: ein Souper wird höher bezahlt als Thee und Butterbrot, ein Diner höher als ein Souper; bei einem ungewöhnlich feinen Diner müsste consequenter Weise die Dankbarkeit des Magens in einem erhöhten, bei einem hinter den gerechten Erwartungen zurückgebliebenen umge-

---

* Dass die Sitte keine ganz allgemeine ist, zeigt der Ort, an dem ich lebe Göttingen, wo man dieselbe nicht kennt und einig darin ist, dieselbe nicht aufkommen zu lassen.

kehrt der Groll desselben in einem verminderten Trinkgeld seinen Ausdruck finden. So darf man sagen: das Trinkgeld enthält die culinarische Censurnummer — wie die Speisen und die Getränke, so die Nummer! Eine Hausfrau, die indiscret genug wäre, den Schleier, der diese Schlussscene der Gesellschaft ihren Blicken entzieht, zu lüften, könnte die ihr ertheilte Censurnummer in Erfahrung bringen, und der Gast hätte es in seiner Hand, ihr durch das Trinkgeld eine Schmeichelei oder eine Grobheit zu sagen.

Unter allen Gestaltungen des Trinkgeldes enthält diese in meinen Augen die grösste Verirrung, sie bezeichnet den äussersten Culminationspunkt des Widersinnigen, zu dem sich das Trinkgeld verstiegen hat. Wie sich diese Unsitte gebildet, ob auf secundärem Wege durch Uebertragung des geschäftlichen Trinkgeldes auf das gesellige Leben oder originär auf dem Boden des letzteren, vermag ich nicht zu bestimmen, kurzum sie ist da. Aber ihre Existenz hält mich nicht ab, sie als eine wahre Deformität unseres geselligen Lebens zu kennzeichnen. Sie enthält einen flagranten Widerspruch gegen die Idee des letzteren: die Gastfreundschaft, und es ist dies ein eigenthümlicher Vorwurf, der sich bei dieser dritten Art des Trinkgeldes zu denjenigen, welche wir gegen die zweite Art desselben erhoben haben, noch hinzugesellt. Letzteres bewegt sich auf einem Boden, der einmal dem Gelde angehört: dem des geschäftlichen Verkehrs; es bildet keinen Widerspruch zu dem eigenthümlichen Princip desselben, es fügt zu dem Preise, den man ohnehin zu zahlen hat, nur noch einen Zuschlag hinzu. Aber der Grundzug der Gastfreundschaft besteht eben darin, dass der Wirth die Kosten derselben bestreitet, es ist ein Verstoss gegen die Idee derselben, wenn der Gast im Hause desselben den Geldbeutel ziehen muss. Dies gilt wie in Bezug auf die Bestreitung aller sonstigen Unkosten der Bewirthung,* so auch in Bezug auf die Bedienung. Angenommen, dass der Dienerschaft dafür ausser ihrem regulären Lohn noch eine besondere Vergütung zu gewähren wäre, so würde es Sache des Wirthes sein, dies zu thun, wie es denn in der That von manchen Herrschaften geschieht. Es gehört die durch die Macht der Gewohnheit bewirkte Abstumpfung des feinen Gefühls dazu, um das Verletzende und Anstössige der Unsitte nicht zu fühlen und füge ich hinzu: nicht zu beseitigen — wer sie nicht dulden will, hat die Mittel in der Hand, ihr das eigene Haus zu verschliessen (s. u.).

---

* Einen schroffen Verstoss dagegen bildet das in manchen Gegenden übliche oder üblich gewesene Kartengeld. Der Wirth überlässt der Dienerschaft, die Spielkarten anzuschaffen, und die Gäste, welche sie benutzt haben, müssen dieselben bezahlen. Ganz so könnte man es auch mit der Erleuchtung oder den verabreichten Cigarren halten!

Abgesehen von diesem Charakterzug der socialen Anstössigkeit gilt von dem geselligen Trinkgeld dasselbe wie von dem geschäftlichen. Insbesondere trifft diese Uebereinstimmung auch für das oft schreiende Missverhältniss zwischen der Vergütung und der Dienstleistung sowie für die Kostspieligkeit zu. An Orten, wo ein hoher Satz für Trinkgelder üblich ist, erreichen letztere in Häusern mit einer ausgedehnten und glänzenden Geselligkeit nicht selten eine ganz exorbitante Höhe; der Ertrag eines einzigen Diners an Trinkgeldern beziffert sich hier oft auf hundert Mark und darüber, eine Summe, für welche andere Personen desselben Standes wochenlang arbeiten müssen! Der Satz für das einzelne Trinkgeld ist hier in einer ganz unnatürlichen Weise in die Höhe geschraubt, er lässt das Gasthofstrinkgeld noch weit hinter sich. So erklärt es sich, dass der Jahresbetrag an Trinkgeldern bei einer ausgedehnten Geselligkeit eine Höhe erreichen kann, die sich mit dem Budget eines mässig bemittelten Mannes nicht mehr verträgt. Ich erinnere mich der Aeusserung eines pensionirten höheren Offiziers, der an einem dieser Orte lebte, dass er nicht in der Lage sei, an dem geselligen Verkehr derjenigen Kreise, auf die er seiner Stellung nach angewiesen sei, Theil zu nehmen, weil die hohen Trinkgelder für ihn unerschwinglich seien. Das Trinkgeld als Hemmniss des geselligen Verkehrs! — in der That eine schöne Frucht, mit der es die Gesellschaft beschenkt hat! Es ist der Fluch, den der minder begüterte und ordentliche Mann von einer Unsitte entgegennehmen muss, die der Reiche und der Verschwender sich auf ihren Leib zugeschnitten haben.

XII.

Ich fasse jetzt noch eine Seite des Trinkgeldwesens ins Auge, die der zweiten und dritten Art gemeinsam ist: die moralische Einwirkung des Trinkgeldes auf den Empfänger. Ich würde auf letztere vielleicht gar nicht aufmerksam geworden sein, wenn nicht der Zufall mir zu Hülfe gekommen wäre und mir Beobachtungen ermöglicht hätte, die mir im regulären Lauf der Dinge nicht zu Theil geworden wären.

Vor mehreren Jahren hatte ich bei meinem Aufenthalt in einem der ersten deutschen Luxusbäder in einem dortigen Kaffeehause Wohnung genommen. Das Leben dauerte in demselben bis tief in die Nacht hinein. Es frappirte mich, dass es in einem Bade Gäste gab, welche die Nacht zum Tage machten, und ich erfuhr auf mein Befragen, dass es allerdings nicht Badegäste seien, welche sich diese Excesse erlaubten, sondern Einheimische und zwar die Aristokratie der Kellnerwelt: die Oberkellner aus den vornehmsten Gasthöfen. Des Abends, wenn die Gäste zu Bett gegangen sind, fängt für sie der Tag erst an. Jetzt spielen sie den Herrn, und sie lassen es an dem, was dazu gehört, nicht fehlen. Gewöhnlicher Wein ist für sie zu gemein, Champagner muss es sein, und er fliesst in Strömen; ein Hazardspiel sorgt für angemessene Unterhaltung, das Geld rollt, und die Orgien dehnen sich oft bis zum frühen Morgen aus. Die Sache gab mir zu denken. Ich fand es begreiflich, dass Leute, die den ganzen Tag in angespannter Thätigkeit verharrt hatten, des Abends nach vollendetem Tagewerk das Bedürfniss der Erholung empfanden, und ich konnte es ebenfalls verstehen, dass sie, die — um die Wendung aus dem Wettlauf des Swinegels und des Hasen auf der Buxtehuder Haide zu benutzen — ebenfalls „in ihrer Weise vornehme Herren" waren, dem Drange nachgaben, ihre bei Tage minder durchführbaren Ansprüche darauf des Nachts zur Geltung zu bringen und das Beispiel der grossen Herren nachzuahmen, die sie bei Tage bedient hatten. Aber diese Erwägung schien mir doch nicht ausreichend zu sein, den unverhältnissmässigen, von den Gewohnheiten der Gesellschaftskreise, denen sie angehörten, so weit abliegenden Aufwand, den sie sich zu dem Zweck erlaubten, zu erklären, und ich fand keinen anderen Erklärungsgrund als die Eigenthümlichkeit und Reichhaltigkeit der Einnahmequelle, aus der sie denselben bestritten: das Trinkgeld. Wenn ungewöhnliche Verhältnisse es bewirken, dass der Satz, den der Verkehr sonst für Leistungen gewisser Art zur Anwendung bringt, ausnahmsweise in ganz exorbitanter Weise überschritten wird, so muss dies auf das Subject, das davon den Vortheil zieht, wenn es nicht eine grosse Charakterfestigkeit entgegenzusetzen hat, nothwendigerweise einen ungünstigen Einfluss äussern: das ökonomische Gleichgewicht wird gestört, der Massstab für den Werth des Geldes verschoben, die Verschwendungssucht findet das Thor offen. Als in Wien beim Bau des Ausstellungsgebäudes für die Weltausstellung der Tagelohn für einige Gewerke eine nie dagewesene Höhe erreichte, tranken manche Arbeitsleute Champagner, und der blaue Montag dauerte tagelang. Der schwindelhafte Preis hatte sie selber schwindelig gemacht, sie hatten ihren Halt, der auf dem richtigen Verhältniss zwischen Lohn und Arbeit beruhte, gänzlich verloren, der Lohn trug für sie nicht mehr den Charakter des Lohnes, sondern eines Spielgewinnes an sich — es charakterisirt den Spielgewinn, dass er regelmässig ebenso leicht dahingeht, wie er gekommen ist. Dieselbe Beobachtung hatte ich früher in Bezug auf die Landwirthe eines gewissen deutschen Landdistricts gemacht, als infolge allgemeinen Misswachses, von dem bloss ihre Gegend verschont geblieben, die Kornpreise rapid gestiegen waren — sie wussten nicht mehr, wo sie mit dem Gelde, das in ihre Taschen strömte, bleiben sollten. Der gewöhnliche Champagner war ihnen noch nicht theuer genug, und der Wirth sah sich genöthigt, um ihren Wünschen, den theuersten Champagner zu trinken, den es überhaupt gebe, nachzukommen, irgend eine seiner Sorten zu einem ganz exorbitanten Preis anzusetzen. Beim Goldschmied liessen sie sich goldene Theelöffel machen. Es war der Uebermuth des ökonomischen Grössenwahns, ökonomisches Delirium, ökonomische Tobsucht — es wurden Flaschen Champagner an die Wand geworfen! Eine normale Einnahme, d. h. eine solche, welche der allgemein hergebrachten Norm des Verkehrs entspricht, hat, selbst wenn sie noch so hoch ist, für den Menschen nichts Bedrohliches; er kann sich sagen, dass er sie durch seine Arbeit oder sein Kapital regelrecht verdient hat. Bedrohlich ist nur derjenige Erwerb, der sich ausserhalb der Bahnen des normalen Verkehrs bewegt, bei dem der Gewinn, den er abwirft, in keinem Verhältniss steht zu dem Einsatz, durch den er erzielt wird: der excentrische, wie ich ihn nennen möchte. Dem excentrischen Charakter des Erwerbs entspricht hier regelmässig der seiner Verwendung. Bei einem armen Mann, der durch Zufall, z. B. Gewinn in der Lotterie, oder eine reiche Erbschaft plötzlich in den Besitz eines Vermögens gelangt, hält sich dasselbe in der Regel nicht lange, ihm schwindelt — dem Dachdecker schwindelt nicht, er ist die Höhe gewohnt.

Ich mache davon die Anwendung auf das Trinkgeld. Wenn dasselbe eine mässige Höhe nicht übersteigt, mögen die nachtheiligen Folgen, die ich hier ausgeführt habe, allerdings nicht zu besorgen stehen, wenigstens fehlt mir jeder Anhaltspunkt dafür. Dagegen glaube ich dieselben in zwei Fällen constatiren zu können, wo für die Einnahme aus den Trinkgeldern die obige Bezeichnung eines excentrischen Erwerbs zutrifft. Der erste ist der oben genannte. Wenn eine Menschenclasse für eine kleine Mühewaltung, die weder körperliche Anstrengung noch ungewöhnliche Geschicklichkeit erfordert, wie es bei einem Oberkellner in Bezug auf die Aufnahme und Ueberreichung einer Wirthshausrechnung und die Annahme des Betrages der Fall ist, eine Vergütung enthält, die den ökonomischen Werth derselben ins Ungemessene übersteigt, so muss dies nothwendigerweise den Massstab für den Werth des Geldes, der auf dem Gleichgewicht zwischen der Leistung und ihrem Aequivalent beruht, vollständig verrücken und jenen ökonomischen Grössenwahn, wie ich ihn oben nannte, hervorrufen, der durch masslose Ausgaben Auslass sucht. Der Aufwand dient hier nicht der blossen Genusssucht mehr, sondern der Eitelkeit: der Mann kann etwas draufgehen lassen. Die Mittel dazu sind ja vorhanden, was liegt an dem Gelde, das mit vollen Händen ausgestreut wird? Der morgende Tag bringt es in Masse wieder!

Das zweite Beispiel glaube ich in den Bedienten der grossen Städte gefunden zu haben. In vornehmen Häusern mit ausgedehnter Geselligkeit bildet, wie oben bemerkt ward, das Trinkgeld für sie eine Einnahmequelle von ganz enormer Ergiebigkeit, und der Einfluss, den dasselbe auf sie äussert, ist ganz derselbe wie im obigen Fall. Auch sie spielen, wenn sie unter sich sind, den grossen Herrn, sie copiren ihre Herrschaft, sogar bis zu dem Grade, dass sie deren Namen annehmen — man hört hier die Namen der höchsten Aristokratie —, sie machen in noblen Passionen: in Hazardspiel, Bällen etc. Die Strafe für die Gesellschaftskreise, welche diesen Unfug durch das masslose Hinaufschrauben der Trinkgelder genährt haben, ist denn freilich auch nicht ausgeblieben, sie besteht in der sittlichen Verwilderung dieser Menschenclasse: ihrer Unzuverlässigkeit, Unehrlichkeit, Unbotmässigkeit, Faulheit, über die man in grossen Städten so oft klagen hört — wer einem Bedienten die Mittel giebt, den grossen Herrn zu spielen, hat es sich selber zuzuschreiben, wenn derselbe als Bedienter nicht mehr zu gebrauchen ist.

Ich darf die Schilderung, die ich im Bisherigen von den verderblichen Wirkungen des Trinkgeldes entworfen habe, nicht in dieser Gestalt in die Welt gehen lassen, ich muss ihr eine Verwahrung hinzufügen, die mich gegen den Vorwurf der Uebertreibung und gegen die allerdings nicht sehr wahrscheinliche Gefahr, Proteste von Oberkellnern und Bedienten gewärtigen zu müssen, sicherstellt. Ich erkläre also hiermit feierlich, dass meine Meinung nicht dahin geht, als ob jeder Oberkellner und jeder Bediente in einem vornehmen Hause dazu verdammt wäre, meine Behauptung zu bewahrheiten, ich zweifle vielmehr nicht daran, dass es unter ihnen neben den räudigen Schafen auch Musterexemplare giebt, für die das Bild, das ich im Bisherigen entworfen habe, in keiner Weise zutrifft. Meine Behauptung ist nicht darauf gestellt, dass jene Wirkungen schlechthin eintreten müssen, sondern dass in denjenigen Fällen, wo jene Ausschreitungen wirklich stattfinden, neben der menschlichen Schwäche: Genusssucht, Eitelkeit, auch die eigenthümliche Natur des Trinkgeldes als wesentlich mitwirkender Factor zur Erklärung heranzuziehen ist.

Andererseits aber sehe ich mich noch genöthigt, meine Behauptung über den moralisch ungünstigen Einfluss des Trinkgelderwesens zu erweitern.

XIII.

Das Trinkgelderwesen ist in meinen Augen eine durch die Sitte organisirte Art der Bettelei. Für eine Leistung, für welche derjenige, der sie erweist, entweder von demjenigen, in dessen Diensten er steht, bereits Zahlung erhalten hat oder für die er überhaupt keine entgegennehmen sollte, da ein anständiger Mensch sie unentgeltlich erweist, streckt er die Hand nach einer Vergütung aus; das heisst in meinen Augen betteln. Den Lohn kann man begehren, eine Freigebigkeit nicht, wer sie dennoch begehrt, ist Bettler — auf das Kleid kommt es dabei nicht an, es giebt Bettler in Sammt und Seide, die geheime Geschichte der Orden könnte davon viel berichten. Jeder Bettel aber setzt innere und äussere Demüthigung voraus; der sich seines Werthes bewusste Mann bettelt nicht. Das Betteln, in welcher Form es auch geübt werde, thut daher dem richtigen Stolz, von dem jeder ordentliche Mann, auch der geringste, beseelt sein soll, Abbruch, und wenn es wie im Trinkgelderwesen zum System erhoben ist, übt es auf die ganze Gesellschaftsclasse, bei der es besteht, einen moralisch depravirenden Einfluss aus. Es setzt an die Stelle der sittlich heilsamen Wirkung des Lohnes, welcher dem Manne die Befriedigung gewährt, ihn durch Arbeit verdient zu haben, der sein Rechtsgefühl stärkt und seinen Arbeitstrieb anregt, die verderbliche Wirkung eines Mitteldings zwischen Lohn, Geschenk, Almosen, das weder den Rechtfertigungsgrund des ersten: die Arbeit, noch den des zweiten: das Wohlwollen, noch den des dritten: die Bedürftigkeit, für sich anführen kann — eine Zwitterbildung, bei welcher der oben nachgewiesene unlautere Ursprung, dem sie auf Seiten der höheren Classen ihre Entstehung verdankt, sich fortsetzt in den Untugenden, die daraus bei den niederen Classen hervorgehen: knechtische Gesinnung, sagen wir offen: Bettlersinn, Habgier, falsche berechnete Freundlichkeit, welche in ihr gerades Gegentheil umschlägt, wenn sie sich in ihren Erwartungen getäuscht sieht, und die eben darum, weil sie eine Prämie verlangt, die wahre nicht aufkommen lässt, Holtzendorff bezeichnet sie treffend als Creditgeschäft. Ich freue mich, auch hier auf die Zustimmung dieses Schriftstellers Bezug nehmen zu können, welcher der Ueberzeugung ist, dass „durch das Trinkgelderwesen der Moralität der unteren Classe nicht wenig geschadet werde".

XIV.

Ist der Gesichtspunkt, den ich hier aufgestellt habe, der richtige, so werden wir die Beseitigung des Trinkgelderwesens als eine Aufgabe der nationalen Pädagogik bezeichnen dürfen, zu der Jeder, der es mit dem Wohle des Volkes ernst meint, seine Hand bieten sollte. Unter diesem Gesichtspunkt erfasst, handelt es sich dabei nicht um das Abthun eines Uebelstandes, den lediglich die höheren Classen empfinden, sondern eines solchen, der das ganze Volk berührt.

Es ist daher nicht bloss der Egoismus, welchen ich zum Kampf in die Schranken rufe, obschon auch er allein schon volle Ursache hätte, den

Kampf aufzunehmen, sondern zugleich und in erhöhtem Masse die völlig selbstlose, gemeinnützige Gesinnung, an die wir auch sonst stets appelliren, wo es gilt, socialen Schäden und Uebelständen Abhülfe zu gewähren. Der Egoismus hat das Trinkgelderunwesen ins Leben gerufen, der Egoismus und die gemeinnützige Gesinnung mögen sich die Hand reichen, um es wieder auszurotten. Man wende nicht ein, dass dasselbe einmal zu fest eingewurzelt sei, und dass der Einzelne nichts dagegen vermöge. Ich werde nachweisen, dass selbst der Einzelne im beschränkten Kreise demselben mit Erfolg entgegentreten kann, und was dem Einzelnen nicht möglich, vermögen Mehrere, die sich zu dem Zwecke verbinden, vermag ein Verein, vermag die Organisation des Widerstandes und Kampfes in Form der Association.

Ich werde im Folgenden den Operationsplan entwerfen, wie meiner Ansicht nach das Trinkgelderwesen in seinen zwei allein in Betracht kommenden Ausartungen: dem in Gasthöfen und öffentlichen Wirthschaften und dem Domestikentrinkgeld, mit Aussicht auf Erfolg bekämpft werden kann. Die Vorschläge, die ich zu machen gedenke, bilden für mich nicht eine blosse Zugabe zu meinen bisherigen Erörterungen, welche ich zur Noth auch hätte weglassen können, sondern die praktische Spitze meiner ganzen Kritik des Trinkgelderwesens, ohne welche ich gar nicht

Lust und Stimmung gefunden hätte, an einen Gegenstand Zeit und Arbeit zu wenden, der dieselbe wissenschaftlich so wenig zu lohnen im Stande ist. Ein rein wissenschaftliches Interesse hat mich ursprünglich, wie oben bemerkt, auf denselben geführt: die Absicht, den Begriff der Unsitte an einem concreten Beispiel zu veranschaulichen; aber das wissenschaftliche Interesse hat während der Arbeit mehr und mehr dem praktischen Platz gemacht, die Feder ward in meinen Händen unwillkürlich zur Lanze, die Kritik zum Angriff.

Ich gebe zunächst den Weg an, auf dem sich meiner Ueberzeugung nach das Trinkgeld in Gasthöfen, Restaurationen u. s. w. mit Aussicht auf Erfolg beseitigen lässt. Derselbe ist im wirklichen Leben in Bezug auf das Gasthofstrinkgeld bereits vereinzelt beschritten worden und, wie ich mich kürzlich durch eigene Erfahrung überzeugt habe, mit durchschlagendem Erfolg.* Er besteht darin,

---

* Aus den Mittheilungen, die mir aus Veranlassung der Veröffentlichung meines Aufsatzes in Westermann's Monatsheften aus Kellnerkreisen zugekommen sind, entnehme ich zu meiner Freude, dass bereits seit längerer Zeit in letzteren eine Agitation für Abschaffung des Trinkgeldes besteht. Den öffentlichen Kundgebungen derselben ist Seitens der Presse eine minder geneigte Aufnahme und Beurtheilung zu Theil geworden, als es im Interesse der Sache zu wünschen gewesen wäre. Man hat in diesen Bestrebungen eine Anwandlung von falschem Stolz, eine Ueberhebung des Kellnerstandes erblicken wollen, während es sich doch nur darum handelt, letzteren dieselbe Stellung zu verschaffen, die allen auf Arbeit und Er-

dass die Inhaber der Hotels ihren Leuten die Annahme von Trinkgeldern bei Strafe sofortiger Dienstentlassung und Verwirkung ihrer Lohnansprüche streng untersagen, dieselben dagegen in Bezug auf den Lohn so stellen, dass sie der Trinkgelder entbehren können. Ich fand die Einrichtung, wie ich sie mir gedacht hatte, vor einiger Zeit auf einer Reise in der Schweiz in einem der ersten dortigen Hotels, dem bekannten „Schweizerhof" in Luzern. Zu den Vorzügen, welche diesen Gasthof zu einer Musterwirthschaft stempeln, die ihresgleichen sucht, gehörte auch die Abwesenheit der beiden stehenden Posten auf den Wirthshausrechnungen, durch welche die Wirthe es verstanden haben, die Preise für die Wohnung in unnatürlicher Weise in die Höhe zu schrauben: Servis und

---

werb gestellten Classen der Gesellschaft zukommt: Vergütung für die geleisteten Dienstleistungen in Form des Lohns. Dem Arbeiter gebührt dasjenige, was er verdient, in Form des rechtlichen Anspruches, dem Kellner wird die Vergütung, auf die er angewiesen ist, in Form einer halb erzwungenen, halb freiwilligen Gabe zu Theil, er muss halb bittend, halb fordernd die Hand danach ausstrecken, und ich kann begreifen, dass dies für die besseren unter ihnen etwas Widerstrebendes hat, und dass ihnen das Demütigende, das darin liegt, nicht selten deutlich fühlbar wird. In den Kreisen, die dieser Agitation zugethan sind, täuscht man sich nicht über die grossen Schwierigkeiten, die diesen Bestrebungen entgegenstehen, aber wenn diejenigen, die sich an ihnen betheiligen, als spätere Wirthe ihre Grundsätze nicht verleugnen, so muss nothwendigerweise die Zahl der Gasthöfe, in denen die projectirte Einrichtung zur Ausführung gelangt, von Jahr zu Jahr steigen.

Bougies; der Preis für Bedienung und Erleuchtung war in dem für das Zimmer inbegriffen* und offenbar zu einem ganz mässigen Preis berechnet. Die Einführung dieser Verbesserung ist vielleicht den Söhnen Albions zuzuschreiben, die hier dominiren, und zu deren Verdiensten bekanntlich auch der civilisatorische Einfluss gehört, den sie auf die Gastwirthe des Continents ausgeübt haben. Welche Stellung sie zu der Trinkgelderfrage einnehmen, hatte ich bereits bei einem früheren Aufenthalt in der Schweiz Gelegenheit gewahr zu werden, wo ich in einer Pension von dem Wirth erfuhr, dass seine englischen Gäste auch bei längerem Aufenthalt nicht das geringste Trinkgeld zu zahlen pflegten — ein Rigorismus in der Durchführung der Contractsberedung, vermöge deren die Bedienung in dem Pensionspreis inbegriffen war, für den ich damals noch nicht das richtige Verständniss gewonnen hatte, der mir aber doch zu denken gab. Ich bin jetzt geneigt, darin etwas von dem strengen Gesetzlichkeitssinn zu erblicken, der dieses Volk auszeichnet, und der wie in grossen so auch in kleinen Dingen sich bewährt. Die Scheu und Aengstlichkeit, die, wenn

---

* Auf den Rechnungsformularen findet sich die Notiz: *M. M. les Etrangers sont priés de ne plus donner de pourboire aux employés de l'Hôtel. Tout le service dans l'intérieur de l'Hôtel ainsi que l'éclairage est compris dans le prix de l'appartement.*

wir aufrichtig sein wollen, für uns das regelmässige Motiv bildet, selbst da Trinkgelder zu geben, wo sie im Gesammtpreis einbedungen sind, ist dem Engländer fremd, er hat den Muth, die bösen Blicke von Kellnern und Hausknechten zu ertragen. Doch um mich in den genannten Gasthof zurückzuverfügen, so hätte ein günstiges Geschick mich nicht besser führen können; mein Aufenthalt in ihm ward zu einer Trinkgelderstudie, das Seitenstück zu derjenigen, die mir kurz zuvor beschieden gewesen war, als ich ein siebenfaches Trinkgeld hatte zahlen müssen; ich hatte gefunden, was ich suchte: den Gasthof ohne Trinkgelder, den Vogel Phönix unter den Gasthöfen! — Das Trinkgeld war hier vollständig beseitigt. Keine noch so leise Andeutung, Anspielung, Pression von Seiten der Dienerschaft, jeder noch so versteckte Anlass zum Geben desselben fern gehalten und dabei auf Seiten des gesammten Dienstpersonals eine musterhafte Dienstfertigkeit, Aufmerksamkeit, Höflichkeit.

Das genannte Beispiel* zeigt, dass die Beseitigung des Trinkgeldes sich praktisch durchführen

---

* Von anderen Reisenden habe ich später erfahren, dass die Einrichtung sich auch anderwärts findet. In Erinnerung habe ich behalten den „Schweizerhof" in Neuhausen bei Schaffhausen, der nach den Berichten, die ich darüber erhielt, seines Namensvetters in Luzern in jeder Weise würdig sein soll, und für den ich im Interesse der Propaganda für meine Idee hiermit ebenso wie für letzteren Reclame mache. Auch in Hannover besteht die Einrichtung in Kasten's Hotel. Wüsste ich lässt, wenn der Wirth nur den ernsten Willen hat, was freilich die unerlässliche Voraussetzung ist. Es kommt darauf an, die Einrichtung zur allgemeinen zu machen, d. h. eine Pression auf die Wirthe auszuüben, sie zu adoptiren. Niemand vermag dies in dem Masse als die Verfasser der Reisehandbücher; ihnen ist hier die Gelegenheit geboten, dem reisenden Publikum einen werthvollen Dienst zu erweisen und den Verdiensten, die sie sich bereits um dasselbe erworben haben, die Krone aufzusetzen. Ich gehe von der Voraussetzung aus, dass die meisten Reisenden einem Gasthofe, in dem die Trinkgelder in obiger Weise effectiv beseitigt sind, bei sonstiger Gleichheit der Verhältnisse den Vorzug geben werden vor einem anderen, der an der bisherigen Unsitte festhält. Es bedürfte also bloss der Namhaftmachung der Gasthöfe der ersteren Kategorie, um ihnen den Strom der Reisenden zuzuwenden und dadurch ihre widerwilligen Concurrenten zu zwingen, die Aenderung ebenfalls zu adoptiren. Läge es mir auf, ein Reisehandbuch oder von einem der vorhandenen eine neue Auflage zu verfassen, so würde ich ausser einem bestimmten Zeichen, das jedem derartigen Gasthof zugefügt werden müsste — ich würde als Symbol des von ihnen unternommenen

---

mehrere, ich käme in Versuchung, Bädeker Concurrenz zu machen und eine vollständige Liste dieser Gasthöfe neuen Stils mitzutheilen.

Kampfes zwei gekreuzte Schwerter wählen! — noch ein zusammenfassendes Verzeichniss derselben anfertigen und an hervorragender Stelle des Buches, etwa am Anfang, abdrucken lassen. Dasselbe würde Wunder thun, die renitenten Wirthe dürften die Wirkung sehr bald empfinden. Zweifellos, dass dann viele von ihnen ebenfalls um Aufnahme in die Liste nachsuchen würden. Aber bedingungslos würde ich sie ihnen nicht gewähren, ich würde vielmehr zunächst eine Concession ihrerseits begehren, die scheinbar ohne erheblichen Belang, gleichwohl aber doch von nicht zu unterschätzender Wichtigkeit ist, nämlich das Verschwinden des Postens für Servis auf der Rechnung. Nicht um sie abzuhalten, diesen Posten in anderer Gestalt: als Aufschlag auf den Preis des Zimmers, in Anrechnung zu bringen, was selbstverständlich geboten ist, sondern um dem Dienstpersonal den äusseren Anhalt für die Meinung zu entziehen, als gebühre das Servis eigentlich ihnen. Die Beibehaltung dieses Postens auf der Note würde das Personal unausgesetzt daran erinnern, dass es das ursprüngliche Trinkgeld ist, das die Wirthe ihnen entzogen haben. Jede Reminiscenz an den früheren Zustand aber muss verschwinden, und als letze Spur des früheren Trinkgeldes auch die Berechnung eines besonderen Servis.

Ausserdem würde ich noch den Vorbehalt machen, den aufgenommenen Namen unter Angabe des Grundes von der Liste zu streichen, wenn die Berichte der Reisenden über die thatsächliche Nichthandhabung der nominell angenommenen Norm die Versicherung des Wirthes Lügen straften. Ein Wirth, der das Trinkgeld in seinem Hause nicht dulden will, hat die Mittel in Händen, seinen Willen durchzusetzen, und Niemand als er ist dafür verantwortlich zu machen, wenn ihm dies nicht gelingt. Eine Notiz auf der Note: „Den Angestellten des Hauses ist das Annehmen von Trinkgeldern aufs strengste untersagt," ein angemessener Lohnsatz, welcher sie der Nothwendigkeit überhebt, das Manko durch Trinkgelder zu decken, die strenge Achtsamkeit auf ihr Benehmen den Reisenden gegenüber, die unnachsichtige Verhängung der für den Fall der Uebertretung des Verbots im Voraus angedrohten Nachtheile — und die Sache ist abgemacht.*

---

* Ich füge hier noch einen Vorschlag hinzu, den ich einigen Kellnern, die sich an mich in dieser Angelegenheit gewandt haben, in Bezug auf die Organisation ihres Vereins gemacht habe. Er beruht auf der Erwägung, dass das Gasthofstrinkgeld unter Umständen vollkommen berechtigt sein kann, nämlich bei Dienstleistungen, die über das gewöhnliche Mass hinausgehen, z. B. der Bedienung von Kranken, späten Gästen, die über die übliche Zeit bleiben. Er besteht in der Aufstellung einer verschlossenen Büchse, deren Ertrag dem Verein zufliesst und zwar zum Zweck der Unterstützung hülfsbedürftiger Mitglieder. Den Schlüssel zur Büchse erhält der Wirth des Gasthofes, und eine vom Verein ernannte Vertrauensperson drückt nach jedesmaliger Entleerung das Vereinssiegel darauf, so dass sie sich nur von beiden gemein-

Bis zur Abschaffung der Trinkgelder in den öffentlichen Erholungslocalen versteigen sich meine Pläne zur Zeit noch nicht. Wenn erst die Gasthöfe von Trinkgeldern gereinigt sind, wird auch wohl ihre Stunde geschlagen haben, und im Geist sehe ich schon den speculativen Kopf voraus, der durch öffentliche Bekanntmachung und Anschlag in seinem Local dem Publikum die Mittheilung macht: „In meiner Wirthschaft wird fortan kein Trinkgeld mehr entrichtet, die Annahme desselben ist der Dienerschaft aufs strengste untersagt" — er würde sicherlich, wenn er es sonst an dem Nöthigen nicht fehlen liesse, grossen Zulauf haben!

XV.

Ich wende mich dem Domestikentrinkgeld zu. Die Beseitigung desselben mag mit grossen Schwierigkeiten verbunden sein, und ich unterschätze sie nicht, aber ich halte sie nicht für unüberwindlich; auch hier kommt es nur auf entschlossenen Willen an, dem Unfug ein Ende zu machen. Dazu bietet sich zunächst Jedem in seinem eigenen Hause

---

sam öffnen lässt. Damit würde dem Drange von Gästen, welche sich für ungewöhnliche Dienstleistungen erkenntlich erweisen wollen, Genüge geschehen sein, der Zweck, den sie im Auge haben, könnte erreicht werden, ohne dass der Kellner genöthigt würde, die Vorschrift zu übertreten, und ohne dass er das Gefühl hätte, dass seine Dienstleistungen nicht entsprechend vergütet worden wären, sein persönlicher Lohn bestände in dem Gefühl, für einen guten Zweck gewirkt zu haben.

Gelegenheit, er untersage dem Gesinde die Annahme der Trinkgelder, indem er demselben einen Zuschlag zum Lohn gewährt, dessen es im Fall der Uebertretung verlustig geht. Ein weiterer Schritt wäre dann der, dass er diejenigen Familien, mit denen er verkehrt, für diese Einrichtung zu gewinnen suchte, womit sich dann als selbstverständliche Consequenz die Verabredung verbände, in ihren Häusern gegenseitig kein Trinkgeld zu geben. Ich verhehle mir nicht, dass die Durchführung dieser Massregel das Verhältniss eines intimeren Verkehrs zur Voraussetzung hat, also nur innerhalb engerer Kreise Aussicht auf Verwirklichung hat, bei einer Geselligkeit im grösseren Massstabe würde eine derartige persönliche Conspiration gegen das Trinkgelderunwesen sich durch die Verhältnisse von selber ausschliessen. Aber sie glaube ich durch ein anderes Mittel ersetzen zu können. Es ist die Bildung eines Vereins, welcher den angegebenen Zweck verfolgt, aber mit diesem negativen Zweck zugleich den positiven der Unterstützung hülfsbedürftiger Dienstboten verbindet. Ich würde die Statuten desselben in vier Paragraphen bringen können. § 1: Jedes Mitglied des Vereins verpflichtet sich, fortan in Gesellschaften kein Trinkgeld mehr zu entrichten. § 2: Statt dessen vielmehr einen jährlichen, dem eigenen billigen Ermessen zu überlassenden Beitrag an die Vereinskasse zu zahlen. § 3: Der

Beitrag wird zur Unterstützung hülfsbedürftiger Dienstboten verwandt. § 4: Die Liste der Mitglieder wird öffentlich bekannt gemacht. Die Entrichtung des Beitrages würde documentiren, dass es den Mitgliedern nicht um Ersparung, sagen wir vom Standpunkt der Dienstboten aus: Unterschlagung des Trinkgeldes, sondern um richtigere Verwendung desselben zu thun ist; sie würden damit sowohl vor sich selber als in den Augen des Publikums diesen Schritt rechtfertigen, und die Gemeinsamkeit desselben und die dem Verein gegenüber übernommene Verpflichtung, kurz die Deckung durch den Verein würde auch den ängstlicheren Naturen den Muth geben, ihren Vorsatz auszuführen. Es wäre eine Ablösung des Trinkgeldes mittelst Selbstbesteuerung, das Loskaufen eines lästigen Zolles nach Art von dem des Sundzolles und der Flusszölle — die Passage aus der Gesellschaft würde damit frei!

Statt des moralisch-verderblichen Einflusses würde das Trinkgeld fortan Segen stiften, und die dienende Classe, die im Anfang nur die für sie nachtheiligen Wirkungen der Neuerung zu verspüren hätte, würde im Laufe der Zeit, wenn die heilsamen zu Tage träten, nicht anstehen, sich mit derselben zu befreunden.*

---

* Gegenüber den Missverständnissen, denen meine Reformvorschläge von manchen Seiten ausgesetzt gewesen sind, halte ich es nicht für überflüssig, zu betonen, das dieselben nicht

Ob die hier gemachten Vorschläge Aussicht auf Verwirklichung haben? Man giebt uns Deutschen Schuld, dass wir einen Stein im Wege, an dem wir uns stossen, ruhig liegen lassen — Jeder verwünsche ihn, aber Niemand nähme sich die Mühe, ihn aus dem Wege zu räumen oder, wenn er für ihn allein zu schwer sei, Andere zur Hülfe herbeizuziehen. Das Trinkgelderunwesen ist ein solcher Stein, Jeder klagt über ihn, aber Jeder lässt ihn liegen. Der Vorwurf, den wir gegen den Stein erheben, richtet sich gegen uns selber; wer eine Unsitte bloss verwünscht, anstatt für seinen Theil mitzuwirken, sie zu beseitigen, klagt sich selber an — für das Bestehen einer Unsitte ist Jeder, der nicht den Muth hat, ihr entgegenzutreten, selber mit verantwortlich, Niemand hat das Recht, sich über sie zu beklagen, als derjenige, der sich das Zeugniss ausstellen kann, seinerseits Alles gethan zu haben, was in seinen Kräften stand, um ihr ein Ende zu machen. Jeder meiner Leser kann sich damit in Bezug auf das Trinkgelderunwesen sein eigenes Urtheil sprechen.

dahin gehen, das Trinkgeldergeben in denjenigen Verhältnissen, in denen es bisher üblich gewesen ist, einfach zu unterlassen — dies würde eine grosse Unbilligkeit gegen diejenigen enthalten, die einmal darauf angewiesen sind — sondern dasselbe durch positive Einrichtungen zu ersetzen. Erst dann und nur da, wo letztere getroffen sind, würden die Trinkgelder hinwegzufallen haben.

Nachtrag.

Die Mahnung, welche diese kleine Schrift enthielt, ist nicht ohne Erfolg geblieben: sie hat den Blick geschärft für die demoralisirende Wirkung der bekämpften Unsitte, und sie hat den Anstoss gegeben für Reformbestrebungen zu ihrer Beseitigung. Nach beiden Richtungen dürfte eine kurze Berichterstattung von Interesse sein.

I.

Wie entsittlichend und entwürdigend das *geschäftliche* Trinkgeld zu wirken pflegt, das ist aus dem Kreise der dabei zunächst interessirten Hotelkellner mit grosser Schärfe und überzeugender Klarheit in zwei Flugschriften geschildert worden: „Unser Standpunkt zur Trinkgeldfrage" von J. Albrecht (1883) und „Zweite Flugschrift der Vereinigung zur Bekämpfung des Trinkgeldwesens" (1885). Da wird uns gezeigt, wie das System der Trinkgelder den Kellner zu falscher, berechneter Freundlichkeit, knechtischer Gesinnung, Gunstbuhlerei und Leichtfertigkeit erzieht. „Ein Musterkellner nach durchschnittlichen Begriffen" — heisst es in der erstgenannten Schrift — „ist: der dem Gast auf den ersten Blick ansieht, wie viel oder wenig Trinkgeld er abladen wird; der es immer noch fertig bringt, etwas mehr herauszuschlagen als Andere; der sogenannte faule Kunden zu besseren zu erziehen, die Unverbesserlichen stets gehörig zu ignoriren versteht; der den neuesten Herrenmoden schon immer um ein halbes Jahr voraus, stets nobel ist, nie Geld, aber desto mehr Schulden hat." „Die Demüthigungen, die sich häufig wiederholende gezwungene Verleugnung des feineren Gefühls, die Ungerechtigkeiten, die Unterwürfigkeit, die das Trinkgeld-System erzeugt, ja fast bedingt, rütteln und nagen unablässig am männlichen Charakter. Der ihm Unterworfene muss unter diesen Umständen zu einem geringeren oder tieferen Grade von Knechtssinn versinken; denn viele geben das Trinkgeld nicht einzig für wirkliche Dienste, sondern bemessen es nach dem Grade der bei der Verrichtung der Dienstleistung zur Schau getragenen Unterwürfigkeit." (Zweite Flugschrift, Seite 17.)

Wenn schon das männliche Dienstpersonal auf diese Weise durch das Trinkgeld moralisch geschädigt wird, so muss dies in noch weit höherem Grade bei den Kellnerinnen der Fall sein. Auch hierüber sprechen sich die Verfasser der erwähnten

Broschüren und manche an den Verfasser gerichtete Zuschriften drastisch genug aus. In einer der letzteren wird aus eigener Erfahrung berichtet: „In dem Trinkgeld fand der Gast das Mittel, um sich bei den Mädchen bis zu einem den Forderungen der Sittlichkeit zuwiderlaufenden Masse in Gunst zu setzen. Ein Gast wurde immer vom anderen in der Höhe des Trinkgeldes überboten, so dass den Mädchen damit geradezu octroyirt wurde, diesem Verhältniss entsprechend den einen Gast vor dem anderen zu bevorzugen und schliesslich ihnen zu gewähren, was ursprünglich sicherlich mancher von ihnen als verpönt gegolten hatte. Aber die Leistung auf der einen Seite regte ganz unwillkürlich zur Gegenleistung oder zu Concessionen auf der anderen an; für ein civiles Trinkgeld wurde der Dank mit freundlichen Blicken gezollt, dem Spender des grösseren Tributes aber wurde bereits ein liebevolles Streicheln der Wange, ein zärtliches Umfassen der Taille, das gemeinsame Verleben des freien Nachmittags und so fort bis zu nicht näher definirbaren Willfährigkeiten zugesichert und auch wirklich gewährt. Mir schwebt in diesem Augenblicke besonders deutlich das Schicksal eines schmucken Mädchens vor, das ich bei ihrem Eintritt in das von mir regelmässig besuchte Restaurant als das wohlerzogene Kind einer anständigen Familie aus einer kleinen Stadt des schlesischen Gebirges kennen lernte: wie sie auf diesem Wege durch den allgemeinen Wettbetrieb der Trinkgeld spendenden Gäste verleitet wurde, ihrer Anständigkeit das erste Opfer zu bringen, und wie ich sie dann fallen sah von Stufe zu Stufe, bis sie die Strassen Breslaus, eine elende Sünderin, unsicher machte." Das Trinkgeld also ein Beförderungsmittel der Prostitution unter dem Schutze des Wirthes, welcher mit der „Liebenswürdigkeit" seines Dienstpersonals speculirt!

Aber auch abgesehen von solchen grellsten, der Moral Hohn sprechenden Wirkungen des Trinkgeldes könnte noch eine ganz stattliche Nachlese gehalten werden zu all den Uebelthaten, welche bereits früher als Folgen dieser Unsitte nachgewiesen wurden. Aus dem reichen gedruckten und geschriebenen Material, welches dem Verfasser der Schrift zugeschickt wurde, seien nur einige besonders eclatante Fälle herausgegriffen.

Vielfach wird auf den Missbrauch hingewiesen, dass die Kellner häufig die besten Plätze „reserviren" unter dem Vorwande, dass dieselben „bestellt" seien; in Wahrheit ist es nur auf ein pränumerando zu entrichtendes Extratrinkgeld abgesehen, dessen Zahlung die „bestellten" Plätze sofort frei werden lässt. Es fehlt in der That nur noch, dass ein solcher in der finanziellen Schröpfkunst bewanderter Kellner auch reine Servietten und ungebrauchte Gabeln bloss gegen Erlegung eines Extratrinkgeldes zu liefern sich herbeilässt!

Ein anderes, ebenfalls recht heiteres Stückchen ward einer Zeitung* kürzlich aus Helgoland berichtet: „Nachdem ich bezahlt und der schmucken Helgoländerin — es wird auf der Insel fast durchgehends nur von jungen Mädchen bedient — meinen Obolus entrichtet hatte, sah ich sie letzteren in eine auf dem Aufsatz stehende Büchse werfen. Auf meine Anfrage, dies geschehe wohl, um nachher zu gleichen Theilen unter die Kellnerinnen vertheilt zu werden, wurde mir die verblüffende Antwort: Nein, mein Herr, das ist für den Wirth, wir bekommen festes Gehalt." Augenscheinlich will dieser tugendhafte Wirth seine Kellnerinnen vor den oben geschilderten sittlichen Gefahren des Trinkgeldnehmens bewahren und bringt ihnen das für sein Ehrgefühl sicherlich sehr schwere Opfer, alle Trinkgelder selber einzustreichen! Freilich mag mancher Wirth auch mit Neid auf die reiche Ernte blicken, welche das Trinkgeld seinem Dienstpersonale abwirft, denn „mir haben Besitzer grosser Hotels schon gesagt, mein Oberkellner verdient mehr als ich" („Reisende, Gastwirthe und Trinkgelder", 2. Aufl., Zürich 1888, Seite 41), und in gerichtlicher Verhandlung ist durch Sachverständige ausgesagt worden, dass der Portier eines nur leidlich frequentirten Gasthofes auf eine

---

* Hamburger Correspondent vom 10. Juni 1888, Nr. 116, Seite 17.

durchschnittliche Einnahme von zwanzig Mark pro Tag rechnen könne! (Frankfurter Zeitung vom 20. Januar 1883, Morgenblatt.)

Wenn der Verfasser oben Seite 18 dem Hotelkoch sein Bedauern aussprach, ihn von der reichen Trinkgeldererute der übrigen Hotelbediensteten ausgeschlossen zu sehen, so wird nun über den „Chef de cuisine" eines der grossartigsten Hotels Englands das Gegentheil berichtet: beim Frühstück nämlich servirt dort nicht selten der Koch, das heisst er schneidet von dem kalten Braten die Stücke ab, welche ein Kellner dem Gaste bringt; „er konnte gute oder schlechte Stücke herunterschneiden und schien sich dieser Gewalt und ihrer Nutzanwendung für die Gäste wohl bewusst zu sein", wie der zuverlässige Berichterstatter schreibt.

Ein würdiges Seitenstück ferner zu der „Blumensprache", deren oben Seite 53 Erwähnung geschah, ist die „Symbolik des Zahnstochers", welche weiten Kreisen bisher gottlob unbekannt geblieben war und von der ein Artikel der Nationalzeitung (Beiblatt zu Nr. 448 vom 5. August 1885) folgendes zu erzählen weiss: „Es ist geradezu unerhört, dass bei den in öffentlichen Sälen stattfindenden Hochzeitsfeierlichkeiten der Gast häufig am Schlusse vom Kellner in Anspruch genommen wird, dass er hier also unter den Augen des Gastgebers und gewissermassen auf dessen Wunsch und mit dessen

Zustimmung in hohe Contribution genommen wird. Bei öffentlichen Festessen ist dies die Regel. Selbst bei dem Diner, welches Stanley in Berlin gegeben wurde, ging der Teller mit dem berühmten Zahnstocher herum... Ueberall allerdings lässt man sich diesen Zwang nicht gutmüthig gefallen. Es war bei dem grossen deutsch-amerikanischen Feste in Bingen. In vorgerückter Stunde war man beim vorletzten Gange angekommen, als auch plötzlich zuerst an der Haupttafel der unheimliche Zahnstocher auftauchte. Der unglückliche Kellner, der gerade hier den Anfang machte, ist von seinen Collegen sicherlich dafür verwünscht worden. Zuerst allerdings nahm die Geschichte einen harmlos komischen Verlauf. Der erste Fremde, ein Stock-Amerikaner, nahm mit verbindlichem ‚thank you' den Zahnstocher und legte ihn neben sich auf den Tisch. Kopfschüttelnd ging der Kellner weiter. Er ersetzte den Zahnstocher durch einen anderen und erlebte, dass ihm nunmehr als Antwort ein elfenbeinerner Zahnstocher gezeigt wurde, den der Gast seinem Portemonnaie entnahm. Auch der dritte Versuch schlug fehl; hier legte sogar mit unerschütterlichem Ernste der Gast einen zweiten Zahnstocher zu dem ersten — was er sich dabei gedacht haben mag, ist nicht recht klar. Erst der vierte Gast war ein Mann nach dem Herzen des Kellners, und der Schreiber dieser Zeilen schickte sich eben an, das Beispiel nachzuahmen, als das schon längst dem Vorgange folgende Auge des Vorsitzenden, eines Deutsch-Amerikaners, die Procedur vollständig erfasste. Und was nun folgte, war in gewissem Sinne für die Kellnerschar grässlich. Wild sprang der New-Yorker Schütze von seinem Platze. Wie der Donner dem Blitze, so folgte seinem dröhnenden ‚Halt' die Confiscation des Tellers und unmittelbar darauf ein gewaltiges ‚Hinaus'. Der Mann verstand keinen Spass und es kostete geraume Zeit, ihn zu beruhigen. Dann aber liess er sich den Wirth kommen und machte ihm den Standpunkt klar. Es sei für das Couvert bewilligt worden, was er forderte, darüber hinaus gebe es keinen Deut. Und man setzte ihm hier praktisch das aus einander, was Professor Jhering und seit ihm sehr viele Andere theoretisch zu befürworten versucht haben. Es dürfte das erste Mal gewesen sein, dass die Trinkgeldfrage in Deutschland in so eminent praktischem Sinne gelöst wurde. Und es empfiehlt sich der Vorfall zur Nachahmung; wenigstens bei grossen Festlichkeiten, bei Hochzeiten und dergl. sollte das Trinkgeld verbannt werden."

Damit haben wir uns dem *gesellschaftlichen* Trinkgelde genähert, von dem ebenfalls noch allerlei Monstrositäten berichtet werden. So erzählt der eben erwähnte Artikel der Nationalzeitung noch folgendes: „In den Vermittelungsbureaus für das Engagement von Dienstboten kann man täglich die an ein Mädchen bei Feststellung des Lohnes gerichtete Bemerkung hören: ‚Ich gebe nicht mehr als so und so viel Mark, aber in meinem Hause verkehren viele Freunde, und Sie bekommen viel Trinkgeld.' Hier also wird bestimmt darauf gerechnet, dass der Besucher die Tasse Thee, welche er Abends beim Freunde geniesst, auch bezahlt." Und ist es schliesslich etwas Anderes, wenn bei uns nicht nur in Kirchen die Stellen der Küster, sondern selbst in fürstlichen Schlössern die Stellen der Kastellane durch die obligaten Trinkgelder zu reichen Pfründen werden? während man z. B. in Frankreich unter dem zweiten Kaiserreich in den dem Publikum zugänglichen Schlössern neben der höflichsten Behandlung überall die grossgedruckte Aufforderung fand, keine Trinkgelder zu geben, „la visite des châteaux impériaux étant absolument gratuite." Eine schöne, nachahmungswerthe Sitte; noblesse oblige!

Aus den gegebenen Beispielen ist zu ersehen, dass die „Trinkgeldfrage" über Mangel an Theilnahme von Seiten des Publikums wie der Presse sich nicht beklagen kann; in den ernsthaften Zeitungen und Zeitschriften ist das Ueberhandnehmen der Trinkgelder — von einer einzigen skurrilen Ausnahme abgesehen — allgemein als Unsitte gebrandmarkt worden, und auch die Witzblätter haben sich den dankbaren Stoff nicht entgehen lassen — sicherlich ein Beweis seiner Popularität.

II.

Fast Jedermann scheint also überzeugt zu sein von der Nothwendigkeit, den Trinkgelderunfug zu bekämpfen, aber von den *Wirkungen* eines solchen Kampfes lässt sich noch nicht allzuviel Erfreuliches berichten. Man bezweifelt nicht, dass wir im alten Europa ebenso gut ohne Trinkgelder auskommen können wie die Leute in der neuen Welt, aber die rechte Energie zur Bekämpfung der Unsitte scheint noch zu fehlen. In der That ist vom *grossen Publikum* in dieser Sache wenig zu erwarten; hat man doch sogar der widerwärtigen Sitte des *gesellschaftlichen* Trinkgeldes, soweit bekannt geworden, nirgendwo den Krieg erklärt, obgleich hier schon die Vereinigung einiger Wohlgesinnter, wenigstens in kleineren Städten, schöne Erfolge erzielen könnte. Eine allerliebste Geschichte, die, wenn erfunden, jedenfalls geschickt erfunden ist, erzählt als Einleitung zu einem grösseren Artikel über unsere Frage die Monatsschrift für deutsche Beamte (7. Jahrgang 1883, 4. Heft, Seite 134), und wir mögen es uns nicht versagen, sie hierher zu setzen, hoffend, dass ihr Verfasser uns keines unerlaubten Nachdrucks bezichtigen wird: „In der Familie eines Berliner Geheimraths war Abendgesellschaft. Nach und nach stiegen die Gäste des Hauses die deckenbelegten Treppenstufen hinauf und bewegten die

Klingel an der wohlbekannten Thür. Ein schmuckes Dienstmädchen öffnete. Man trat in den sauberen, durch eine von Milchglas gedämpfte Gasflamme erleuchteten Corridor. Alles wie sonst. Links tickt die alte englische Pendeluhr in ihrem grossväterischen Nussbaum-Gehäuse. Gegenüber verlangt der grosse Spiegel noch einen letzten Blick vor dem Eintritt in die Wohnräume. Daneben in der Ecke steht, wie immer, der Kleiderständer. Aber hier, der Gasflamme gegenüber was ist das? Ein Bild? Ei, das war doch sonst nicht hier. Seltsame Neuerung! Da hängt in zierlichem Rahmen — ein Plakat. In bunten Farben, mit stilvoll gemalten Buchstaben sieht man — ist es möglich? — klar und deutlich folgende Worte: ‚Die Gäste dieses Hauses werden gebeten, keinem unserer Dienstboten ein Trinkgeld zu geben. Die letzteren haben sich verpflichtet, kein Trinkgeld anzunehmen.' Um diese Worte herum schliesst sich ein Kranz von Arabesken, zwischen denen niedliche Federzeichnungen die Sache, um die es sich handelt, drastisch darzustellen suchen. Da ist das kleine Dienstmädchen mit der Schieberlampe in der Hand zu sehen, wie sie einem Herrn die Treppe hinableuchtet. Dieser hält ihr eine Münze hin, während das Mädchen mit komischer Würde die Hand zu einer gebieterisch abwehrenden Geberde erhebt. Unter diesem Bildchen erblickt man ein anderes, das eine ähnliche Scene wiedergiebt. Nur ist es hier ein spitzbefrackter Lohndiener, der — gar drollig anzuschauen — den Kampf ums Trinkgeld mit sich und zwei in Pelze wohlverpackten Herren kämpft, anscheinend nicht ganz so siegreich wie oben drüber der dienstbare Hausgeist. Rechts wieder ein anderes Bildchen: ein Herr giebt ein offenbar als Trinkgeld erspartes Geldstück einem armen Weibe, das sich mit einem Säugling unter das Strassenportal eines stattlichen Hauses gekauert hat. Gegenüber endlich ein Pendant dazu: ein pausbackiger Engel hält einem augenscheinlich aus einer Gesellschaft kommenden Paare eine niedliche Büchse hin. Auch er fordert ohne allen Zweifel das Trinkgeld, das Jene nicht losgeworden, für ein Werk der Menschenliebe und Barmherzigkeit. Das war in der That eine grosse Neuerung für den geheimräthlichen Corridor. Und es war ganz lustig zu hören, ja sogar zu sehen, ‚was sich der Corridor an jenem Abend erzählte'. ‚Wieder einmal eine neue Marotte!‘ sagte der Eine. ‚Die Else malt doch allerliebst,‘ der Andere. ‚Na nu?‘ fragt lapidarisch ein alter, jovialer Herr. ‚Sehr vernünftig,‘ entgegnete seine wohlconditionirte Gattin. Der Eine begnügt sich mit einem Kopfschütteln, der Andere sagt: ‚Darauf fallen wir längst nicht hinein.‘ ‚Unpraktisch!‘ ruft ein Dritter. ‚Gar nicht durchzuführen‘ die Vierte, und: ‚Nun, wir werden ja hören‘ ein Fünfter. Mit verschmitztem Lächeln öffnet die weissbeschürzte kleine Magd die Thür zum Empfangszimmer. Da summt und tönt es schon ganz lustig durch einander, und von allen Seiten hört man immer und immer wieder den Namen ‚Jhering' nennen. ‚Bester Mann, wer ist denn eigentlich Jhering?' flüstert eine junge Frau ihrem Manne ins Ohr. ‚Ein juristischer Professor in Göttingen, der gegen das Trinkgeld geschrieben hat,' soufflirt er ihr, so gut es eben gehen will. Auf dem Tische vor der Frau des Hauses lag ein kleines, sehr salonfähig gebundenes Buch: ‚Das Trinkgeld, von Rudolf v. Jhering', und dieses niedliche Büchelchen hatte die grosse Neuerung provocirt und bildete fast den ausschliesslichen Gegenstand der Unterhaltung des Abends. ‚Mich hat Jhering vollkommen überzeugt', schloss der Hausherr sein launiges und hübsches Referat über den Inhalt des Buches, ‚und in meinem Hause werde ich den Kampf gegen das Trinkgeld siegreich durchführen. Mit unseren Dienstboten ist ein Abkommen getroffen, mit dem sie ganz zufrieden sind. Sie verlieren nichts. Und das wird mir doch Niemand verargen können, dass ich meine Dienstboten selbst lohnen und ihre Bezahlung nicht unseren Gästen überlassen will. Deshalb hat mir unser Elschen draussen das Plakat gemalt. Als ich vor einigen Jahren in Stockholm war, nahm mich nach einer Abendgesellschaft beim Hinabgehen ein Bekannter auf die Seite und sagte mir: Um Gottes willen, lassen Sie Ihr Portemonnaie stecken. Wenn Sie hier ein Trinkgeld zu geben auch nur den Versuch machen, sieht sich die ganze Familie des Wirths als beleidigt an und Sie werden hier nie wieder eingeladen. — Das hat mir schon damals ausnehmend gefallen. Jetzt nimmt Jhering den Kampf auch bei uns auf, und ich meines Theils stelle mich auf seine Seite. Einer muss ja doch den Anfang machen. Vivat sequens!' Natürlich gab an jenem Abend keiner der Gäste ein Trinkgeld. In thesi waren sie alle mit dem Hausherrn einverstanden, und als man gegen Mitternacht auf der Strasse stand, sagte einer der Herren: ‚Merkwürdig! Ich muss ja anerkennen, dass er Recht hat, und dennoch juckte mir die Hand, um dem Mädel den üblichen Obolus zu geben. Man kommt sich förmlich unanständig vor. Was doch die Sitte für ein Tyrann ist!' ‚Unsitte, sagt Jhering,' erwiderte ein Anderer, und damit trennte man sich. Dass die ‚Principienreiterei' inzwischen viel Nachfolge gefunden hätte, davon hat man nichts vernommen."

Der melancholische Schlusssatz sagt alles: unser wackerer „Geheimrath" ist vereinsamt geblieben und kein „sequens" hat sich eingestellt. Wenn aber schon gegenüber der gesellschaftlichen Unsitte die Kampfeslust versagt, so wird sich der Einzelne dem *geschäftlichen* Trinkgeld erst recht nicht entziehen können. „On maugrée bien" — sagt

La Justice, das Organ des bekannten Politikers Clémenceau (Nr. 1097 vom 30. Januar 1883) — „mais l'usage est plus fort que la raison; et l'on cède. De temps à autre un journal s'empare de la question, en dit tout le mal qu'il pense, *et le soir même l'auteur de l'article*, se trouvant à la brasserie, *allonge tout comme un autre ses dix centimes* au garçon qui lui apporte un bock coûtant six sous."

Nicht von dem Publikum, sondern nur von den Gewerbetreibenden selber wird der Kampf gegen das Trinkgeld erfolgreich geführt werden können. Dies haben die besseren Elemente des Kellnerstandes eingesehen; von der richtigen Ueberzeugung geleitet, dass sie zwar die nächsten Interessenten, aber ausser Stande seien, aus eigener Kraft das Unwesen zu beseitigen, haben sie sich darauf beschränkt, eine lebhafte Propaganda für diese Beseitigung wachzurufen: nicht nur — wie bereits oben erwähnt — durch mehrere gutgeschriebene Flugschriften, sondern auch durch Gründung einer „Vereinigung zur Bekämpfung des Trinkgeldwesens im Gastwirthschaftsfache", indem sie die Gesinnungsgenossen aus allen Ständen zum Eintritt in diesen Verein aufforderten. Die Vereinigung erstrebt den Ersatz der künftig unstatthaften Lohnart mittelst Trinkgeldes durch einen fixen Gehalt oder Tantième. Dabei verwahrt sich das kurz gefasste „Statut" derselben ausdrücklich gegen die Annahme, als bedinge der Beitritt eine systematische Trinkgeldverweigerung, weil diese nicht möglich sei, solange sich die Gastwirthsgehilfen noch meistens auf Trinkgeld als „Lohn ihrer Arbeit" angewiesen sähen. Denn die Gasthofsbesitzer allein haben wirklich die Macht, der Unsitte erfolgreich entgegenzutreten, und wenn auch in den letzten Jahren die Zahl derjenigen Hotels gewachsen ist, in welchen für die Bediensteten ein Verbot der Annahme von Trinkgeldern besteht,* so bilden sie doch noch verschwindende Ausnahmen. Wie leicht erklärlich, sind es gerade die Wirthe, an deren Widerstande jede wirksame Reform bisher gescheitert ist: nicht nur aus kurzsichtigem Egoismus, sondern auch, weil es selbst für die bestgesinnten Personen dieses Standes ungemein schwierig ist, einzeln gegen die festgewurzelte Unsitte vorzugehen. Darüber mag eine Zuschrift Auskunft geben, welche dem Verfasser von einem an den oberitalienischen Seen ansässigen Gasthofsbesitzer zugegangen ist, welcher in seinem Hause alle Trinkgelder abgeschafft hat.** Es heisst daselbst: „Die Hauptschwierigkeit liegt darin, anständiges Dienstpersonal zu halten; die

---

* Selbst in Wien, der classischen Stadt der Trinkgelder, ist — wie man hört — ein Restaurant gegründet worden, in welchem „die aufwartenden Mädchen weder zu Neujahr noch für gewöhnlich Trinkgeld annehmen dürfen".

** Es ist das Hotel Beau Rivage in Lugano.

zufriedensten Angestellten schlagen in kurzer Zeit ins Gegentheil um, weil sie von ihren Kameraden aufgehetzt und gehänselt werden, dass sie so dumm sind, in einer solchen Stellung zu verbleiben, und so leide ich unter einem fortwährenden Wechsel des Personals, mit Ausnahme der Haushälterin, des Kochs und des Gärtners, die, weil sie mit den Fremden in keine Berührung kommen, von der Trinkgeldseuche auch nicht berührt werden können. Aber nicht allein meine Angestellten machen mir die Durchführung meiner Grundsätze schwer, auch das ganze übrige Heer der Trinkgeldseelen auf Eisenbahn- und Schiffsstationen steht mit mir auf dem Kriegsfusse; es braucht nur einem Reisenden einzufallen, einen Packträger oder dergleichen zu fragen, ob mein Hotel gut sei, dann ist er sicher für mich verloren, denn das mitleidige Achselzucken eines Dienstmannes gilt den meisten Menschen mehr als die Empfehlung eines Bädecker oder anderer Reiseführer."

Die Schilderung ist lebenswahr und überzeugend. Der Einzelne steht auf einem verlorenen Posten, nur die Gesammtheit der Gastwirthe oder wenigstens eine grössere Anzahl derselben vermag dem Uebel zu steuern, und da sie sich — wie es scheint — nicht freiwillig dazu entschliessen mögen, so muss aufs Freudigste der erste Versuch begrüsst werden, in dem oben Seite 58 angedeuteten Sinne eine Pression auf den ganzen

Stand auszuüben. Der „Berliner Verkehrs-Verein" nämlich hat im vorigen Jahre ein kleines Büchlein erscheinen lassen, das wesentlich einen „Hotel-Tarif" enthielt und dabei diejenigen Gasthöfe auszeichnete, welche das Trinkgeld überhaupt abgeschafft oder wesentlich eingeschränkt haben. Das ist ein kleiner, aber vielversprechender Anfang; lässt der Eifer nicht nach, so wird auch der Erfolg nicht ausbleiben.

In dem Augenblicke, wo diese Zeilen zum Druck befördert werden sollen, geht dem Verfasser eine kleine Schrift zu, betitelt: „Das Trinkgeld ein Krebsschaden der Gastwirthschafts-Industrie und seine Beseitigung ein Mittel zur Hebung des Kellnerstandes von einem erfahrenen Gastwirth. Breslau 1888." Darin wird ein früher noch nicht genügend betontes Moment besonders hervorgehoben: „Der Uebelstand, dass sich jedes Individuum mit verfehltem Beruf zum Kellner noch gut genug dünkt, liegt unverkennbar an der anscheinend leichten Kunst und insbesondere an dem süss verlockenden Gifte mit dem Namen ‚Trinkgeld'! Man stellt sich dem Wirthe unentgeltlich zur Verfügung, weil die unbestimmte Aussicht, durch Trinkgeld hinreichend entschädigt zu werden, einen bestimmten Lohn überflüssig macht."

Wenn der Verfasser sich aber von einem öffentlichen Preisausschreiben für den besten Plan zur Aufhebung des Trinkgeldunwesens Erfolg verspricht, so scheint dies doch sehr zweifelhaft; einleuchtender möchte der Vorschlag sein, durch einen ganz geringfügigen Preisaufschlag auf jedes Glas Bier wenigstens aus den Restaurants das Trinkgeld zu verbannen, und jedenfalls zeigt die Broschüre, wie rege in den Kreisen der zunächst betheiligten Gewerbetreibenden das Interesse an der „Trinkgeldfrage" ist.